Entre droit et morale: la finalité de la peine

Travaux Interdisciplinaires et Plurilingues

Vol. 12

Collection placée sous la direction
de Yves Hamant et Brigitte Krulic

PETER LANG
Bern · Berlin · Bruxelles · Frankfurt am Main · New York · Oxford · Wien

Annette Sousa Costa (éd.)

Entre droit et morale: la finalité de la peine

Journée d'études du
13 novembre 2007,
Université Paris Ouest
Nanterre la Défense

PETER LANG
Bern · Berlin · Bruxelles · Frankfurt am Main · New York · Oxford · Wien

Information bibliographique publiée par «Die Deutsche Nationalbibliothek»
«Die Deutsche Nationalbibliothek» répertorie cette publication dans la «Deutsche Nationalbibliografie»; les données bibliographiques détaillées sont disponibles sur Internet sous ‹http://dnb.d-nb.de›.

Aides à la publication:
CRPM "EA 4418" Université Paris Ouest Nanterre la Défense, ERIAC Université de Rouen, Institut de criminologie de Paris II

Réalisation de la couverture: Thomas Jaberg, Peter Lang SA

ISBN 978-3-0343-0402-3
ISSN 1663-9367

Hochfeldstrasse 32, CH-3012 Bern
info@peterlang.com, www.peterlang.com, www.peterlang.net

Imprimé en Suisse

Table des matières

Avant-propos

Les communications proposées à la journée d'études du 13 novembre 2007, à l'Université Paris Ouest Nanterre la Défense, intitulée: «Entre droit et morale: la finalité de la peine», et réunies dans le présent ouvrage, présentent diverses facettes de la peine évoluant au cours des siècles. Il est acquis aujourd'hui que les champs du droit pénal et de la morale ne se recouvrent pas, c'est ce que soulignait, déjà en 1922, E. Garçon dans son ouvrage *Le droit pénal.* Il y a cependant des recoupements entre ces deux domaines qui sont plus ou moins marqués, selon les époques: des attitudes réprouvées encore au 20ème siècle par la morale dominante, pouvaient l'être aussi par la loi, comme l'adultère ou l'homosexualité, comportements cependant dépénalisés aujourd'hui, conformément à la doctrine du Conseil de l'Europe. Du reste, le terme «châtiment» en particulier mais aussi les termes «peine» et «sanction», en usage, véhiculent encore l'aspect moral lié à la mesure répressive.

Nous verrons comment fluctuent les conceptions au fil des siècles et comment l'objectivité investit le droit pénal en développement progressif. Deux auteurs, dans leurs réflexions, embrassent un vaste champ allant des classiques (Grèce) aux modernes. D'autres concentrent leur attention sur le droit pénal concernant une époque et un territoire plus délimités. Il s'agit de la Rome royale, républicaine puis impériale; du territoire occupé par les Francs, de la France du 16ème siècle à l'Ancien régime ou encore de l'Allemagne aux 17ème et 18ème siècle. Entre dans ce cadre également une étude portant sur le discours des philosophes dans la Rome antique. Enfin deux articles présentent la conception de personnalités bien différentes, d'eux d'entre elles ayant profondément marqué l'évolution du droit pénal: Beccaria et Bentham, la troisième connue pour ses prises de position originales: Nietzsche.

Stamatios TZITZIS, dans son article, tend un arc très vaste aux extrémités duquel sont explicitées d'une part, la vision des Anciens, plus précisément des Grecs, de l'autre celle de nos contemporains. Deux conceptions sont représentées, celle du devoir de punir et celle du droit de punir. Dans la Grèce antique, la première est un impératif. En effet, il semblait important de ne pas menacer l'équilibre et l'harmonie du cosmos ainsi, pour l'élément perturbateur, la sanction s'imposait. Un droit naturel se profile ici car, selon certains auteurs, il existe une présence indispensable du châtiment au sein du cosmos, voire de l'être. Dans le monde des humains, l'idéal serait de trouver un équilibre entre la gravité du crime et la rigueur de la peine. Sur la recherche de la vérité, donc de ce qui est juste, se greffe l'aspect pédagogique de la sanction pénale (Protagoras) et la capacité de cette dernière à aider l'homme à devenir un bon citoyen (Platon). Cette exigence de la cité a une double conséquence: le châtiment est d'abord considéré comme une réparation pour le dommage subi et poursuit enfin comme objectif l'amélioration du délinquant (Aristote), lui permettant ainsi de rentrer dans les rangs. Avant d'arriver à la conception actuelle de la sanction, S. Tzitzis nous en rappelle la genèse évoquant la punition infligée d'une part pour avoir violé la loi morale (Kant), d'autre part pour la prévention au nom de l'utilitarisme (Hobbes, Bentham), aboutissant au $19^{\text{ème}}$ siècle par une répression sévère. Peu à peu émerge l'idée de resocialisation du criminel détenu pour lui permettre sa réinsertion et le traitement de ce dernier selon les exigences du droit de l'homme.

Le romaniste René-Marie RAMPELBERG décrit dans un premier temps l'aspect vindicatoire et réparateur de la peine, dans la Rome royale et républicaine, contrebalancé par d'autres aspects tels la *sacratio*: le coupable y étant sacrifié pour apaiser la divinité courroucée et rétablir ainsi l'équilibre dans la cité. Les peines sont de type privé et, prenant en considération l'intérêt de la victime, ont comme objectif d'éviter les excès de la vengeance et enfin d'agir à titre préventif. La peine de mort, publique et symbolique relève de l'exemplarité. Aux temps impériaux, les concepts de vengeance, revanche et rétribution sont encore attestés, cependant le souci de prévention devient primordial, laissant en arrière-plan la fonction réparatrice. Le crime est traqué et la peine infligée, à vocation sociale, doit contribuer à éviter sa propagation.

Parmi les philosophes stoïciens de la Rome antique, Sénèque développe une réflexion intéressante sur la raison de punir et la fonction du châtiment. C'est ce que nous montre Anne VIAL-LOGEAY. En premier lieu la vengeance n'est pas un droit naturel et ne peut tenir place de punition. La graduation de la peine par rapport à l'acte est indispensable et la peine de mort ne devrait être infligée qu'en dernier recours. Elle ne représente d'ailleurs qu'un échec pour la société car, aux yeux du philosophe, la justice, avant d'être répressive, doit être préventive. Ainsi, il ne s'agit pas de punir pour punir, mais plutôt de renouer le lien entre le délinquant et les autres membres de la société. C'est la clémence qui, en adoucissant le châtiment, l'érige en quelque sorte en protection sociale. Se tenir dans un juste milieu: voilà l'objectif à atteindre.

Annette SOUSA COSTA se penche sur les caractéristiques de la peine au début du Moyen âge, à partir des termes qui s'y rapportent. Ce sont tout d'abord les mots du vernaculaire germanique qui attirent l'attention. Ils sont nombreux à désigner les amendes remises d'une part à la partie lésée, d'autre part au fisc. Dans les textes étudiés, il est beaucoup moins question de peine de mort, d'ailleurs toujours désignée par un terme latin. Le bannissement, par exemple, sorte de mort civile, semble lui avoir été préférée. La finalité de la peine est de réparer les torts causés et d'évacuer le litige, élément de perturbation sociale. La conception de la peine découle tout d'abord d'un ordre de droit civil, le caractère pénal ne sera établi que dans la deuxième moitié du Moyen âge.

L'article d'André LAINGUI «Faire régner la justice par le châtiment des méchants», porte sur une période allant du 16ème siècle à la fin de l'Ancien régime. Dans les textes de loi de cette époque, les concepts du droit côtoient les concepts propres à la religion et à la morale. L'homme y est souvent qualifié de méchant; ainsi lorsqu'il s'adonne à ses vices, doit-il être châtié. Cela est dû, pour une grande part, à la transmission du savoir dans ce domaine qui est dispensé, à côté de la rhétorique et de la philosophie, uniquement dans les collèges de jésuites, d'oratoriens ou d'Etat. On tire la conclusion de cet enseignement que l'homme, doté d'un libre arbitre, doit être châtié si, vaincu par ses passions, il prend le chemin du vice. Au châtiment est octroyée une vertu d'intimidation, ce qui explique que les peines corporelles ou afflictives étaient souvent infligées en public. L'élimination du coupable pouvait aussi avoir lieu par les galères, le bannissement ou la mort. Cette peine étant cependant moins répandue que l'on aurait tendance à imaginer.

Les articles de Brigitte KRULIC et de Jean-Pierre CLÉRO ne retracent pas la conception de la peine à des époques données, mais se penchent d'une part sur celle de Nietzsche, d'autre part sur celle de Beccaria et plus particulièrement de Bentham.

Dans un article bien documenté, Jean-Pierre CLÉRO décrit avec minutie l'avancée fondamentale du droit pénal sous l'influence de Beccaria et plus particulièrement de Bentham qui, s'il semble adhérer aux idées énoncées par le juriste italien, saura d'une part en nuancer certaines et les dépasser, d'autre part s'opposer à d'autres et ainsi développer des conceptions qui font son originalité. Parmi les principes qui semblent acquis notons la proportionnalité de la peine avec le délit qu'elle doit sanctionner, ce délit devant être mesuré à l'aune de sa nocivité réelle et non de principes sociaux qui changent au fil du temps, et moins encore du péché. Ainsi le principe de commensurabilité des délits et des peines s'inscrit dans ce qui est nommé l'utilitarisme benthamien, donnant la préférence à la prison, peine modulable dans le temps, donc plus juste. Après avoir mené une réflexion approfondie sur la torture pour extorquer des aveux et la peine de mort, Bentham les écarte. En effet, un calcul nuancé pour l'application de ces peines ou d'autres moins dures, fait pencher la balance en faveur de celles-ci. D'autant plus que la vérité, à laquelle on voudrait accéder, par ex. par l'aveu, le vrai, lui semblent inatteignables. Ici s'insère l'idée de probabilité d'erreur qui fait infléchir l'usage de la dureté de la peine. Il faut cependant, dans la recherche de culpabilité, ne négliger aucune preuve, même minime. La notion de force probatoire des éléments rassemblés, se substitue à celle de vérité. La nouvelle rationalité rend nécessaire un adoucissement de la peine.

«Nietzsche ou comment ‹surveiller sans punir›, une lecture généalogique de la sanction», texte rédigé par Brigitte KRULIC, nous fait pénétrer dans un univers où, pour «l'esprit noblement né», le maintien de la hiérarchie, inégalitaire, est primordial. L'individu, subordonné à l'ordre communautaire, doit réparer le tort causé et le châtiment qui lui est infligé a comme finalité de rétablir l'équilibre menacé. Les droits de l'individu cèdent la place à ce qui est nécessaire à la satisfaction d'une élite sacrifiant la masse asservie. Ainsi il réfute la tendance de la société libérale et démocratique à remettre en question le châtiment, considérant que la justice doit faire appliquer les sanctions pour sauvegarder l'organisation sociale.

Avec la communication de Uwe HELLMANN notre regard se tourne cette fois vers une Allemagne non encore unifiée, et l'évolution du droit pénal, dans les régions qui la composent, sous l'influence des Lumières. Le nom de Beccaria, magistrat réformiste de l'Etat autrichien en Lombardie, réapparaît ici. Cependant, un siècle avant la parution de l'œuvre de ce dernier «Des délits et des peines» en 1764, Samuel Freiherr von Puffendorf travaille au renouvellement du fondement théorique du droit pénal en y introduisant en particulier la culpabilité pour faute d'intention. Dans la lutte contre les abus de la justice pénale au 17ème siècle, en particulier la torture et la répression cruelle de la sorcellerie, s'illustre Christian Thomasius. Ainsi, en Prusse, ces principes sont mis en œuvre par Frédéric le Grand. Ils trouvent leur aboutissement dans *das Allgemeine Landrecht* entré en vigueur en 1794. En Bavière, la personnalité qui marque l'évolution du droit pénal, le rendant conforme à l'Etat de droit, est Johann Paul Anselm von Feuerbach. Son code pénal clairement formulé et caractérisé par l'application stricte du principe «nulla poena sine lege» deviendra un modèle pour la future législation pénale en Allemagne, voire en l'Europe. On pourrait penser que les avancées significatives du droit pénal, impulsées en grande partie par les Lumières, ne peuvent plus être remises en cause, et pourtant des principes considérés comme définitivement acquis ont été bafoués pendant la période du national-socialisme.

L'étude originale de Guillaume Bernard développe l'hypothèse selon laquelle la sanction classique était éminemment juridique, dans le sens où elle visait la rétribution de l'acte, tandis que la sanction moderne est devenue morale puisqu'elle cherche, avant tout, à toucher le fonds de la personne. Elle illustre le fait que la responsabilité civile est née de la responsabilité pénale qui l'a longtemps absorbée. A partir du moment où la réparation civile de la victime est devenue autonome, il semble possible de dire que la sanction pénale moderne cherche à punir l'homme en fonction de son être, à lui reprocher une conduite passée et à lui inculquer des principes pour sa conduite future, en un mot à viser sa morale. A l'inverse, la sanction classique, si elle touchait la personne, était justifiée par l'acte devant être réparé quant à ses conséquences tant publiques que privées. Le droit moderne cherche à déterminer l'intention, bonne ou mauvaise, de l'homme: il s'approprie le domaine où règne la morale dans l'ordre classique, monde où le droit cherche essentiellement à établir la responsabilité de la personne pour déterminer qui doit réparer. Le droit classique avait une ambition sans doute moins omnipotente que le droit moderne.

Du devoir de punir au droit de punir. Les Anciens et les modernes

STAMATIOS TZITZIS

Directeur de Recherche CNRS/ UMR 7184
Directeur adjoint de l'Institut de criminologie (Université Paris II)
Professeur associé à l'Université Laurentienne, Canada

Pour la postmodernité, seul l'Etat détient le droit de punir, en ce sens que seul l'Etat est légitimé à exercer ce droit. Il appartient à la «parole ultime» de l'Etat comme signe de sa souveraineté de «prononcer» ce droit[1]. La vengeance privée est totalement exclue de chaque Etat de droit et de régime démocratique. Mais cette exclusivité n'implique pas moins une obligation pour l'Etat moderne: de ne pas laisser impunie toute infraction prévue et sanctionnée par le droit formel. Ce devoir de punir représente avant tout l'obligation morale de l'Etat de s'ériger en arbitre désintéressé et dépassionné pour rendre une justice impartiale et rassurer les citoyens dans leur conviction que l'Etat est en mesure d'appliquer un droit équitable et de faire respecter les lois. Ainsi, les excès pourraient-ils être évités pour le maintien de l'harmonie sociale. Car avec l'exercice du droit de punir, l'Etat montre aussi son pouvoir et sa capacité d'assurer l'ordre. Il y va de la sécurité juridique.

En effet, le crime, outre l'offense qu'il fait à la victime, représente aussi un trouble social et une cause d'anarchie qui désavoue l'Etat dans l'exercice de ses fonctions. L'impunité des infractions mine les fondements de l'Etat et ébranle la confiance des citoyens dans la capacité de ses organes de garantir la paix publique.

1 Il s'agit d'un acte de volonté souveraine, objective, qui n'est pas forcément autonome, contrairement à une volonté subjective qui peut l'être sans toutefois impliquer la souveraineté. Voir P. Roubier, *Droits Subjectifs et Situations Juridiques,* Paris Dalloz, 2005, (de l'éd.1963, Sirey), p. 122.

De plus, seul l'Etat, contrairement à toute autre partie qui est impliquée dans une affaire de crime, peut, avec une efficacité adéquate, garantir le respect des droits fondamentaux de chaque acteur, et se montrer capable de réaliser un droit légal, qui remplit les exigences du juste, sentiment enraciné dans l'âme de chaque citoyen.

Ce droit de punir s'adresse aux citoyens situés sur le même plan d'égalité existentielle, puisqu'ils sont des personnes cosmopolites. Je veux dire par là que le monde postmoderne a complètement éradiqué les discriminations inégalitaires qui offensent tout individu considéré comme personne-citoyen du monde[2] dont le régime qui lui convient est la démocratie.

Le monde ancien s'inscrivait sur un autre registre, s'ouvrant à des perspectives différentes, voire opposées à l'humanisme cosmopolite de notre temps.

Le droit de punir, comme le conçoit la postmodernité, n'existait guère. Au «Je» de l'Etat comme justicier légitime, les Grecs avaient une obligation impersonnelle, liée aux exigences de la physis, la nature, qui est responsable de tout ce qui existe. Car la nature des Anciens n'est pas conçue à la manière de la nature moderne. La *physis*[3] désigne cette source de vie qui propulse chaque chose (les étants dont l'homme[4]) dans sa dynamique de se développer et de s'étendre vers la visibilité de l'Etre. Si le citoyen moderne est autonome et impose ses

2 Cf. l'*arrêt Gorzelik c. Pologne*, 17 février 2004 § 89. La Cour européenne des droits de l'homme affirme que «la démocratie représente un élément fondamental de l'ordre public européen». De même, l'article F du traité de Maastricht et l'article 6 du traité d'Amsterdam énoncent que «L'Union (européenne) est fondée sur les principes de la liberté, de la démocratie, du respect des droits de l'homme et des libertés fondamentales ainsi que de l'Etat de droit qui sont communs aux Etats membres».

3 CF. Platon, *Les Lois* , 892 c; *Protagoras*, 315 c et suiv.; Xénophone , *Apologie de Socrate*, 13; *Mémorables,* 1, 1, 11 et suiv.; Sophocle, *Philoctète*, v. 79.

4 Il n'est pas sans intérêt de rappeler que pour les Grecs, le membre de la cité *(polis)* n'est pas considéré comme une personne. C'est pour cette raison que la peine de mort, fréquemment appliquée, n'est pas incompatible avec le statut existentiel de l'homme. La torture et notamment celle des esclaves est légitime; cf. Isocrate, *Affaire de Banque,* § 15.

règles à la nature, le citoyen ancien, le *politès* ne possède guère une personnalité morale et juridique comme nous l'entendons aujourd'hui. Il est une manifestation de la mère-nature dont il est obligé d'écouter la voix et de se conformer à ses intentions. Contrairement aux vues des modernes, pour les Anciens, nature, culture et histoire composent un grand tout; l'une associée à l'autre, et l'une complétant l'autre, elles contribuent au devenir du monde. Même s'il y a une opposition entre la *physis* et le *nomos*, la première désignant le naturel et le deuxième le conventionnel, la radicalité d'un contrat social qui crée l'Etat et la justice d'un état de nature est une idée étrangère à l'univers grec. Si le conventionnel s'oppose au naturel, ce n'est point pour l'abolir mais pour montrer les spécificités propres au naturel et au conventionnel ainsi que les conséquences qui en découlent.

Or, à la place du droit de punir, il existe chez les Anciens un devoir de punir, un *chréôn*. Ce terme désigne un impératif issu de l'ordre du monde; donc un impératif objectif qui diffère sensiblement de l'impératif catégorique kantien par son caractère. Le *chréôn*[5] est lié à la dialectique des éléments antithétiques de l'univers, alors que l'impératif kantien témoigne de la dogmatique de la raison individuelle[6].

Dans une première partie, je m'efforcerai de développer les traits fondamentaux du droit de punir des Anciens, alors que dans une deuxième partie, je me propose d'analyser le droit de punir à la lumière de l'humanisme postmoderne, c'est-à-dire par rapport aux exigences des droits fondamentaux et de la dignité personnelle.

5 *Chréôn*, part neutre de l'impersonnel *chrè*, ayant la fonction souvent d'un substantif. Il désigne souvent l'arrêt du destin ou bien la nécessité de la nature; cf., Hérodote, L. 1, 8; Euripide, *Hercule Furieux*, 828, *Hécube* c.260. Eschyle, *Prométhée*, 100, 183, Ch. 201.

6 Cf. E. Kant, *Métaphysique des Mœurs. Première Partie. Doctrine du Droit*. Paris, Vrin, 1986, p. 99: «L'impératif catégorique, qui énonce seulement de manière générale ce qui est obligation, est: Agis d'après une maxime, qui puisse valoir en même temps comme une loi universelle! Tu peux donc ainsi commencer par examiner tes maximes d'après leurs principes subjectifs».

A. L'ordre objectif comme fondement de la sanction.

L'ontologie des Présocratiques se présente comme une métaphysique pénale. Le *cosmos* comme résultante de symétries et d'harmoniques naturelles[7], obéit, chez Héraclite[8], à un *métron* (mesure)[9], ou bien au *logos* (la raison)[10] dont la conservation est surveillée par des divinités justicières. Avant même toute organisation sociale juridique, un impératif punitif existe dans l'ordre des choses, qui sanctionne tout écart qui perturberait l'harmonie cosmique et sa disposition initiale. Car la position initiale des choses de la nature est fixée selon les exigences harmoniques du *cosmos*[11].

Dans l'ordre universel, tout déséquilibre doit être sanctionné par une justice rétributive, accompagnée d'autres divinités justicières, les *Erinyes*. La dialectique des contraires, toujours selon Héraclite, doit se faire, selon les échanges ontologiques qui permettent le maintien de l'équilibre. Toute transformation d'un élément en un autre doit se faire avec mesure. L'*hybris*, comme fruit des mouvements désordonnées est menacée de châtiment (au sens métaphorico-poétique du terme)[12]: «Le soleil n'outrepassera pas ses limites (la mesure) sinon les Erinyes, servantes de Dikè, le dénicheront (pour le punir)».[13]

7 Cf.F. Cavalla. *La Verità Dimenticata. Attualità dei Presocratici dopo la Secolarizzazione*, CEDAM, casa Editr. A. Milani, 1996, p. 143.

8 Philosophe grec d'Ionie, de la fin du VIe siècle av. J.-C.

9 Fg. XXX, p. 153: «Ce monde-ci, le même pour tous, nul des dieux, ni des hommes ne l'a fait. Mais il était toujours est et sera. Feu éternel s'allumant en mesure et éteignant en mesure». *Les Présocratiques*, éd. de la Pléiade (établie par J.-P. Dumont), 1988.

10 Cf. Héraclite, fg. VIII p. 137 *Les Présocratiques, op. cit.*

11 C'est pourquoi «L'harmonie invisible est plus belle que la visible», fg. LIV p. 158, *Les Présocratiques, op. cit.*

12 C'est pourquoi, ce penseur insiste sur le fait que l'*hybris*, -la démesure, «il faut l'éteindre plus encore qu'incendie»; fg XLII, p. 156; *Les Présocratiques, op. cit.*

13 FR XCIV, p. 167, *Les Présocratiques, op. cit.*

Héraclite fait par là de la sanction un facteur essentiel de la physis de la nature. On y décèle une première expression d'un droit naturel *(pysikon dikaion)*, donc d'une justice rétributive qui dépasse la volonté humaine. Cette justice, tout en dépassant l'ordre de la cité (et lui étant sans doute antérieure) va se trouver insérée dans la culture et l'histoire politique, comme étant aux fondements de la justice et du droit politique.

Héraclite va dans le même sens, quant à la conception de la sanction, que son aîné, Anaximandre[14]. Selon ce dernier, toute génération et toute perte d'éléments de la physis qui assurent les transformations de la matière et réalisent l'éternité de la nature sont traduits en termes de justice punitive *(Dikè)* et fonction punitive *(tisis)* de l'Etre[15]. Anaximandre attache même la sanction au déterminisme ontologique pour montrer sans doute la présence indispensable du châtiment dans le devenir cosmique.

La sanction est dès lors indissociablement liée au *chréon*, à cette exigence qui fait que l'Etre «est» grâce aux harmoniques qui lui sont propres. En même temps, la sanction existe selon l'ordre du temps (*chronou taxin*); ce qui permet à la première d'être présente non seulement dans l'Etre mais encore dans le temps de l'Etre[16.]

La sanction, étant inhérente à l'Etre et au temps de l'Etre, elle ne saurait être absent de l'ordre politique, car la cité est un produit de la

14 Anaximandre de Milet, 610 av. J.-C. – vers 546 av. J.-C.

15 Cf. fg. I p. 39, *Les Présocratiques, op. cit.*, «Anaximandre a dit que l'Illimité est le principe des choses qui sont ... Ce dont la génération procède pour les choses qui sont, est aussi ce vers quoi elles retournent sous l'effet de la corruption, selon la nécessité *(chréôn)*; car elles se rendent mutuellement justice et réparent leurs injustices selon l'ordre du temps».

16 Cf. Platon, *Le Timée* 37 e: «Les jours en effet, les nuits, les mois et les années n'étaient pas avant que le Ciel fût né.; c'est alors, simultanément à la constitution de celui-ci qu'il combine leur naissance. Tout cela, ce sont divisions du Temps et les termes, *il était, il sera* désignent dans les temps des modalités, effet du devenir; et c'est évidemment sans y penser que nous les appliquons à la réalité éternelle, improprement. Nous disons bien en effet qu'elle *était, est* et *sera;* mais c'est seulement *elle est* qui, à parler vrai, lui convient».

nature dont les lois sont à la base du fonctionnement sans graves problèmes de la *polis*.

Le pythagorisme, appuyée sur l'harmonie des nombres, s'attache davantage sur l'idée de mérite *(axia)* traduite en termes de réciprocité punitive, exigence cosmique qui , une fois passée dans l'ordre historique de la cité, désigne l'attribution à chacun des peines et des récompenses selon le fruit de son comportement. Cette idée, rêve, plus particulièrement, la forme d'une loi appelé loi d'*antipéponthos*[17] qui traduit l'évaluation, sous l'aspect d'une justice rétributive entre la gravité du crime et la sévérité de la punition.

L'*anti-péponthos*, qui dénote tant le prix du crime en termes de châtiment que la souffrance issue du châtiment infligé au coupable, se révèle dès lors comme étant le fondement de l'idée de rétribution dont parle notamment Aristote dans l'*Ethique à Nicomaque*.

Enfin, Pindare associe l'idée de sanction au dévoilement de l'Etre[18,] l'*alèthéia*, révélant ainsi un châtiment anti-volontatiste et antirationaliste. En effet, l'*alèthéia* dénote la vérité pour les Grecs, la vérité comme le vrai savoir sur tout ce qui est opaque dans la nature; ce qui permet, entre autres, de connaître la vrai caractère du juste, du beau et du bon. Ainsi, pour Pindare notamment, l'aspect ontologique de la sanction est joint à sa dimension gnoséologique. La justice punitive contrôle le mouvement cyclique du temps et le passage du jour à la nuit[19]. Justice punitive et vérité vont ensemble pour énoncer une maxime fondamentale de la philosophie morale hellénique, à savoir, celui qui connaît vraiment le juste ne saurait commettre le mal. *Oudis hécôn kakos* – nul n'est méchant volontairement[20] déclare plus d'une fois Platon dans son œuvre.

17 Cf., Aristote, *Ethique à Nicomaque*, 1132 b 20-30. Voir dans notre livre *La Philosophie Pénale*, Paris PUF/Que sais-Je, 1996, p. 33.

18 Ce qui est *est* un logos, une parole qui affirme la nature métaphysique du monde comme vérité objective: la présence des choses dans l'Etre. Cf. G. COLLI, *La Nascita della Filosofia*, Adelphi Editioni, Milano, 1999, pp. 88-89.

19 Voir le poème «De la nature» et notamment les vers 10-15, p. 255; 25-30, p. 256, *Les Présocratiques, op. cit.*

20 *La République* 358; *Le Timée* 86 c.

A l'époque classique à Athènes, ces deux aspects jouent un rôle important dans la conception de la sanction. Les sophistes, tel Protagoras[21] développent toute une théorie sur l'utilitarisme pénal, et l'aspect pédagogique du châtiment, quand celui-ci concerne le membre de la cité, comme individu historique. Platon, sans négliger les fondements ontologiques des sanctions prône un châtiment utilitaire[22], le concevant, comme médecine de l'âme, pour rendre le *politès* vertueux[23]. Il s'agit d'une pédagogie de l'âme: ce qui intéresse le philosophie, c'est plutôt la formation du caractère et le développement de tout l'être de l'homme, pour devenir un citoyen honnête *(kalos kagathos politès)*. Il présente dès lors une conception du temps unitaire de la sanction où rétribution et utilitarisme font bon ménage, étant tous les deux présents dans l'administration de la sanction, comme un devoir de l'Etre, une exigence de la cité.[24]

Aristote, en considérant la sanction, tant comme une *timôria*, sanction infligée en vue de la réparation du tort fait à l'offensé, que comme une *kolasis*, sanction infligée en vue de la répression du tort de l'offenseur, présente une philosophie de la sanction comme une exigence de la cité.[25] Il y va d'une sanction qui vise l'amélioration du délinquant et qui marie avec succès les finalités de la sanction, tant comme impératif éthique que finalité utilitaire.

Il s'agit d'une conception pragmatique de la sanction, qui respecte tant les traditions ancestrales de la cité, que les perspectives qui s'ouvrent à l'homme pour mieux trouver sa place dans la cité. En effet, par la combinaison de la rétribution et de l'utilitarisme, ce que la sanction poursuit selon les vues des philosophes, est l'intégration de l'homme dans l'ordre socio-juridique de la cité comme un membre positif, comme un *politès* qui, par son comportement n'entrave point le bon déroulement des affaires de la cité, de sorte qu'il puisse accomplir sa destinée selon les idéaux politiques.

21 Platon, *Protagoras*, 325 c-327 e.
22 Platon, *Gorgias*, 525 b-526 d.
23 Platon, *Gorgias*, 478.
24 Cf., Platon, *Les Lois*, 862 a-863 e.
25 Cf. *La Rhétorique*, 1, 10, 17.

Et pour réaliser cet état de choses, l'idée de *philia* (amitié) joue un rôle fondamental, comme objectif de la sanction[26]. L'amitié assure l'harmonie et l'ordre de la cité et incite à l'*homonoia*, la concorde de tous les citoyens, en vue d'une solidarité dans le devenir historique de la *polis*[27]. Une cité sans *philia*, ni concorde, risque gravement de disparaître, surtout quand elle est menacée par les Barbares.

B. La sanction entre le passé et l'avenir

La modernité est marquée par la rupture de l'unité du temps pénal, en celui de la perpétuation du délit et en celui concernant l'avenir du délinquant et les effets de sa punition sur les autres (intimidation). La sanction devient à la fois l'expression d'un moralisme rigoureux et d'un pragmatisme libéral. Le premier, incarné par Kant, veut la punition du coupable, au nom d'un impératif catégorique, car la loi morale a été violée[28]. Le deuxième, précurseur de l'utilitarisme benthamien, est annoncé par Hobbes dans son Léviathan[29].

Il est important de remarquer qu'à l'origine de cette division du temps pénal se trouve Sénèque. Celui-ci, par une interprétation inexacte de la pensée platonicienne, fait passer en matière de téléologie pénale, l'idée stoïcienne que le bien est l'utile[30].

26 Platon, *Les Lois*, 862 c.

27 Cf., Xénophone, *Cyropédie*, 5, 5,11 etc.; Platon, *Politique l,* 311 b et suiv.

28 Voir E. Kant, *Leçons d'Ethique*, Paris, Classiques de Poche,1997, pp. 212 et 126.

29 *Leviathan*, édité par C.B. MacPherson, Pellican Classics, 1980, ch. 15, p. 210. Voir, également le chapitre 27, consacré à la punition des crimes, pp. 335 et suiv.

30 Diogène Laërce, *Vie, Doctrine et Sentences des Philosophes Illustres*, vol 2, Paris Garnier-Flammarion, 1965, p. 82.

Dans le *De Ira*, le philosophe remarque: *«Nam, ut Platon uit, nemo prudens punit quia peccatum est, sed ne peccetur»*[31].

Mais revenons à Kant. Ce qui intéresse le philosophe, c'est l'acte et non pas le criminel. Au nom d'un devoir de punir fondé sur la loi morale saisie par la raison, le philosophe demande inévitablement la sanction de l'acte[32]. En revanche, Hobbes, fondant l'existence de l'Etat moderne sur la volonté individuelle, il accorde un droit de punir au souverain, au nom du bien des citoyens (prévention générale et spéciale). Si le droit de punir ne s'exerce pas en vue de *ne peccetur*, l'action représente un acte de vengeance[33].

La sanction, pour Kant, implique une réprobation morale, qui condamne tout acte qui viole le sentiment du juste incarné par la cité. En revanche, pour Hobbes, la sanction désigne une violation légale, celle de la volonté du souverain en tant que créateur de l'ordre étatique et garant de la paix commune.

Tant Kant que Hobbes, ainsi que les penseurs inspirés successivement de leurs théories, tirent le caractère de la sanction de leur éthique (morale ou utilitaire).

Le code pénal français de 1810, qui fait des échos à la philosophie, tant de la Révolution que celle de l'Ancien Régime, conçoit le délinquant comme un être abstrait mettant l'accent sur l'infraction. L'image du délinquant est semblable à celle du criminel chez Kant et chez Josèphe de Maistre, inspiré, dans les *Nuits de Saints Petersburg* de la philosophie pénale de Kant[34]. Toutefois, la sévérité de la sanction qui traverse ce code est inspirée de l'utilitarisme benthamien, qui privilégie, au nom de l'efficacité de la sanction, une répression sévère.

31 *De Ira*, 1, 19,7; 2, 31,8. Voir également, Y. Bongert, «La Philosophie pénale chez Sénèque», *Il Problema della Pena Criminale tra Filosofia Greca e Diritto Romano*, (a cura di O. Diliberto) Napoli, Jovene, 1993, pp. 95-120.

32 Voir le chapitre «Du droit de punir et de gracier», dans *Métaphysique des Mœurs. Première Partie. Doctrine du Droit. op. cit.*, pp. 213-220.

33 Th. Hobbes soutient au nom d'une de ses lois naturelles, que la fin de la punition doit impérativement concerner l'avenir.

34 Voir J. de Maistre, *Sur les Sacrifices*, Paris, Agora/Les Classiques, le chapitre II, 1994, pp. 3 et suiv.

L'Ecole néo-classique[35] avec son éclectisme, apparaît plus modérée dans sa philosophie de la sanction, mais le grand revirement apparaît avec la Défense sociale nouvelle[36] dont l'un des fondateurs est Marc Ancel, président de chambre honoraire à la Cour de cassation. Ancel rapproche le phénomène criminel d'un sentiment profond d'humanité pour le criminel, fondé sur la resocialisation qui, aujourd'hui, grâce à l'omniprésence de la dignité humaine dans l'univers pénitentiaire, inaugure la véritable époque de l'humanisme pénal.

Marc Ancel prône dès lors, une lecture humanitariste du code pénal et le traitement du délinquant selon les exigences des droits de l'homme et la dignité humaine. L'étude de la personnalité du délinquant en vue de combattre ses tendances antisociales est la première priorité de la politique pénale[37].

Poussée plus loin encore dans ses perspectives humanitaires[38] et «humanitaristes»[39], la resocialisation vise la réinsertion du détenu dans le corps social. En effet, la resocialisation suppose fondamentalement une pédagogie adéquate, en inculquant dans l'esprit du détenu, les valeurs fondamentales propres à assurer son heureuse symbiose entre lui-même et les autres citoyens, tout en écartant la fustigation morale du délinquant. La réinsertion concrétise la resocialisation, en demandant que des moyens soient mis en œuvre pour permettre à la personne qui sort de détention, d'adhérer au contrat social auquel il a contrevenu. L'Etat s'engage dès lors activement à s'occuper du condamné après sa sortie de la prison, de sorte qu'il reprenne confiance en lui-même, tout en prenant conscience du rôle qu'il doit jouer comme ci-

35 Pour avoir une idée claire du contenu et des perspective de cette Ecole voir *Des Libertés et des Peines,* Actes du colloque *Pellegrino Rossi* organisé à Genève, les 23 et 24 novembre 1979, Genève, Georg et Cie, 1980.

36 Voir notre article «Evolutionnisme social et Criminologie», *Revue Pénitentiaire et de Droit pénal,* n°1, 2008, pp. 189-199 et notamment pp. 197-198.

37 Cujas, 1981, pp. 37 et suiv.

38 Par humanisme nous entendons toute pensée qui met au premier plan de ses préoccupations le développement des qualités essentielles de l'être humain.

39 Conception selon laquelle toute activité humaine tout être inspirée de l'amour de l'humanité.

toyen, à part entière, de la société et comme membre de sa communauté.

Cet humanisme pénal n'implique pas toutefois que toute politique criminelle doit être exclusivement centrée sur la personne du condamné. Les responsables de l'univers carcéral s'efforcent, de leur côté, de réaliser cette philosophie (qui inspire aussi les membres de l'Union européenne) sans pourtant négliger les intérêts de l'Etat qui visent la protection de l'ordre public. Cette idée est clairement exprimée par la loi 87 – 432 du 22 juin 1987: «le système pénitentiaire participe à l'exécution des décisions et des sentences pénales et au maintien de la sécurité publique. Il favorise la réinsertion sociale des personnes qui lui sont confiées par l'autorité judiciaire. Le même esprit domine la Recommandation Rec.(2006)2 du Comité des Ministres aux Etats membres sur Les Règles pénitentiaires européennes[40]. Celle-ci nous apprend que «l'exécution des peines privatives de liberté et la prise en charge des détenus nécessitent la prise en compte des impératifs de sécurité. Elles doivent garantir des conditions de détention respectant la dignité humaine et permettent aux personnes détenues de préparer leur réinsertion»[41].

L'idée de sanction, en effet, dans la postmodernité – qui est principalement la privation de liberté – relève d'un droit de punir qui n'implique pas seulement l'exécution de peine mais aussi le parcours d'exécution de peine en vue de la réinsertion. En particulier, la circulaire du 21 juillet 2000, qui vise la généralisation du parcours d'exécution de peine, vise à adapter ses pratiques et ses objectifs aux règles pénitentiaires européennes[42]. Dans cette direction, toute une stratégie doit être déployée pour ce parcours «conduisant nécessairement à l'adoption d'un système de management de la qualité. La mise en place de cet outil est une opportunité majeure de nature à favoriser

40 *Les Règles Pénitentiaires Européennes*, Editions du Conseil de l'Europe, 2006, p. 5.

41 *Ibid.*, p. 9.

42 Cf. J.-P. Ricard, *Application des Règles Pénitentiaires Européennes dans les Maisons d'Arrêt. Rapport de Mission*, Ministère de la Justice, collection «Travaux et Documents», pp. 9 et suiv.

l'émergence d'un tronc commun de bonnes pratiques visant à mieux responsabiliser, mieux définir ce qui incombe à chacun avec des outils de mesure , analyse et d'amélioration»[43].

Il s'ensuit que la philosophie de la sanction pénale cherche un équilibre entre le respect des droits de l'homme et de la dignité personnelle du condamné et le maintient de la sécurité publique, si indispensable au fonctionnement des affaires de l'Etat. Car celle-ci est la condition sine qua non de la première. Le pouvoir étatique est affaibli par l'anarchie, toute politique pénale difficile à réaliser et par là peu efficace. Mais en même temps, il serait malheureux que la sécurité publique tende à constituer un monde unitaire et total où le sécuritaire satisferait une volonté étatique d'instrumentalisation et de domination de l'homme fautif.

En effet, le caractère du droit pénal en France est hautement personnaliste[44]. L'application de la sanction relève d'un droit «construit» (contrairement au devoir naturaliste des Anciens) par la jurisprudence (toujours légitimée par une loi formelle) conforme aux principes fondamentaux pérennes régis par la dignité personnelle.

En concevant le détenu comme une personne, la sanction a beaucoup perdu de son caractère affligeant, de sa représentation comme une souffrance, revêtant la forme d'une pédagogie bienfaisante pour le condamné.

C'est au nom de la sécurité publique que l'idée de rétribution peut justifier sa présence comme facteur de politique pénale, utilisée avec beaucoup de précaution afin de ne pas tomber dans un univers trop répressif.

Aujourd'hui, la sanction pénale provient d'un droit de punir étatique, rationaliste, qui est étranger (étrangère si c'est la sanction) à tout impératif jusnaturaliste esthétique. Il traduit la légitimité d'un pouvoir contraignant de l'Etat, en vue de maintenir son harmonie interne et l'ordre dans les diverses communautés des citoyens. Mais son

43 *Ibid.,* p. 12.

44 Pour certaines nuances fondamentales entre individu et personne, Voir, F. Zanuso, *Neminem Ladere. Verità et Persuasione , nel Dibattito Bio-guridico,* CEDAM, Milano, Dott Antonio 2005, pp. 79 et suiv.

exercice est contrôlé par sa compatibilité avec les exigences des droits fondamentaux et de la dignité personnelle. Et cela pour ne pas tomber dans la démesure de développer une sanction comme nécessité technique de domination de l'homme dans la jouissance des choses de la vie.

Epimétron

Si aujourd'hui, la nature légiférante ne joue aucun rôle dans la téléologie pénale, les nouvelles finalités de la sanction doivent de se fonder sur le non-oubli du citoyen et de son destin, à savoir qu'il est un être social voué à vivre adapté aux valeurs de sa société (a priori conformes à celles d'un Etat de droit et d'un régime démocratique tenus par tous comme des idéaux humanitaires) sans pouvoir y résister, sinon il a de fortes chances de périr par lui-même. Et ces valeurs sont principalement fondées sur le respect du soi par rapport aux autres et inversement, sur le respect des autres par rapport à soi. C'est dans cette relation, à mon avis, que nous devons situer toutes les manifestations de sa dignité. Cette relation, qui assure mieux la réinsertion de l'homme et qui suppose l'unité de son intelligence avec ses actions.

La peine romaine, entre réparation et dissuasion

RENÉ-MARIE RAMPELBERG

Professeur à l'Université Paris 5 Descartes

Introduction[1]

Le romaniste doit convenir que l'apport de Rome aux droits contemporains est fort inégal. Assez superficiel en droit public, très sensible en général en droit privé et quasi incontournable en droit des obligations, particulièrement contractuel, il est pour le moins relatif en matière pénale.

Pour commencer par une comparaison illustrant ce constat, on peut observer que si les Grecs ont vu dans la peine une fin morale, exclusivement éducatrice selon le point de vue socratique rapporté par Platon (Gorgias 525 b), cet aspect des choses est resté dans l'ombre à Rome. Pourtant, dans ce domaine, la pensée de Platon, entre autres, fut con-

1 Santalucia (Bernardo), «Alle origini del processo penale romano», *Iura*, xxxv, 1984, pp. 47-72; du même, «Note sulla repressione dei reati comuni in eta repubblicana», *Idee vecchie e nuove sul diritto criminale romano. A cura del Prof. A. Burdese*, Padova, CEDAM, 1988, pp. 5-21. (Pubbl. della Fac. di Giur. dell'Univ. di Padova, 108). Wenger (Leopold), «Aelteste (das) Strafrecht und Strafprozessrecht», *BIDR*, XXXI-XXXII, 1989-1990, pp. 408-460; Humbert (Michel), «Peine (la) en droit romain», *La peine. Punishment. 1ère partie. First part. L'antiquité, Antiquity*, Bruxelles, (Recueils de la Société Jean Bodin pour l'histoire comparative des institutions, 55), de Boeck Univ., 1991, pp. 133-183; Nippel (Wilfried), *Public Order in Ancient Rome*, (Key Themes in Ancient History). Cambridge, Cambridge Univ. Press, 1995, X-163 p.; Cantarella (Eva), *Peines (les) de mort en Grèce et à Rome. Origines et fonctions des supplices capitaux dans l'antiquité classique*. Trad. N. Gallet, Paris, A. Michel, 2000, X-325 p. (Histoires). Dans cette brève synthèse, on a essentiellement suivi M. Humbert, *cit.* ci-dessus.

nue, comme en témoigne Aullu-Gelle, *Nuits Attique*, 7, 14, mais elle n'y joua aucun rôle déterminant.

Dans la réalité, Rome n'a vraiment mis en œuvre et illustré que deux types de peines: la peine réparatrice et la peine dissuasive, toujours plus ou moins imbriquées, ce qui rend leur approche délicate. Si la philosophie est allée plus loin, la pratique juridique n'a guère dépassé ce stade.

On essayera de montrer brièvement que si, dans les premiers siècles, l'aspect réparateur ou vindicatoire est très présent, il est de plus en plus marginalisé ensuite.

I. L'importance du caractère vindicatoire et réparateur aux temps royaux et républicains

Si ce caractère est alors très présent, il est pourtant très tôt balancé pas d'autres considérations.

Il faut d'abord évoquer la *sacratio*, qui renvoie aux origines du droit criminel romain. Elle sanctionne nombre de crimes publics, tels qu'atteinte aux biens, à l'autorité parentale, au lien conjugal, à la *fides* ou à la puissance sacro-sainte des tribuns de la plèbe. La peine, dans tous ces cas, ne découle pas d'un jugement: le crime, au moins dans un premier temps, soumet *ipso facto* le coupable à une peine religieuse. Voilà donc une des premières manifestations d'une sanction déjà détachée de toute vengeance instinctive à l'état brut.

Quant à sa nature, elle consiste en la «consécration» à une divinité, nommément désignée pour chaque crime. Abandonné, exclu de la communauté sociale, le coupable doit être mis à mort par le premier venu. Mais il est vrai qu'ensuite, avec le temps, la Cité finira par accueillir dans ses lois et confier à son tribunal plusieurs de ces crimes de nature purement coutumière à l'origine.

Quelle vocation reconnaître à la *sacratio*? Ce n'est pas du groupe ni de la Cité qu'émane le besoin vindicatoire, mais des dieux. La violation de la prescription trouble les divinités concernées, enflamme leur soif de vengeance. Pour l'apaiser, le groupe, offre le coupable, par une *consecratio*, à la divinité courroucée. Sa mort rétablit l'équilibre. Plus tard, un bélier sera immolé à sa place et la *pax deorum* ainsi rétablie.

La *sacratio* met donc en présence du premier type de peine: sa vocation est essentiellement satisfactrice ou vindicatoire.

Au milieu du Vème siècle avant JC, la Loi des XII Tables constitue une référence incontournable. Toutes les peines privées qu'elle prévoit, qu'elles infligent une souffrance au coupable ou le condamnent à un paiement indemnitaire, prennent en considération l'intérêt de la victime.

Ainsi en est-il pour les délits sanctionnés par le paiement d'une *poena*, somme forfaitaire fixée par la loi et versée à la victime pour des délits tels qu'un membre brisé ou les violences légères. D'origine grecque, le terme *«poena»* exprime la transaction ou pacte de rachat. La vocation du *damnum* n'en diffère pas, C'est l'indemnité compensatoire que le juge-arbitre attribue à la victime pour prix du tort qu'elle a subi. Ainsi en est-il pour la répression du vol non flagrant:.

De son côté, l'abandon noxal est, on le sait, l'une des peines sanctionnant les dommages commis par des animaux, des esclaves, des enfants en puissance. Le maître ou père de famille a le choix: réparer ou abandonner l'auteur du délit. En réalité, l'abandon noxal est la forme la plus élémentaire ou primitive de la satisfaction offerte à la victime. Le travail compensatoire de l'esclave ou du fils de famille venge, par équivalence, le tort subi.

La peine du talion n'est formellement attestée que pour le délit d'amputation d'un membre. En lui-même, il est la forme la plus parfaite de la justice corrective, puisque la symétrie entre coup donné et coup reçu est totale. La revanche, dictée par la vengeance, est égale. Mais le talion a évolué. Il s'est peu à peu restreint à une menace destinée à pousser les parties à accepter le principe d'une composition, fixée ou arbitrée par le juge et, en fait, destinée à assouvir le besoin de justes représailles.

Tous les types de peine que l'on vient de passer en revue relèvent d'une même idée: celle d'une peine privée. La victime seule, dans tous ces cas, est habilitée à la requérir. La loi veille cependant à assurer.que le besoin de vengeance soit canalisé, contrôlé, tarifé. La publicité de la loi pénale, assurée par la promulgation des XII Tables, fut une première forme d'intimidation. De plus, les peines, dans la mesure où elles dépassent largement le dommage matériel subi par la victime, acquièrent donc, en fait, une fonction de prévention.

Les peines corporelles, dont la mort, méritent une attention particulière. Elles témoignent déjà d'un recul du vindicatoire.

Les XII Tables présentent quelques exemples de peines corporelles infligées à des incapables ou à l'auteur d'un crime involontaire, tel que l'incendie allumé par négligence ou cas fortuit par un adulte, qui est sanctionné par le châtiment des verges. Ici, la vengeance est exclue; la peine, corrective et exemplaire, a seulement pour fonction d'empêcher l'être irresponsable de recommencer.

La peine de mort soulève plus de problèmes. Elle réprime dans les XII Tables deux catégories de crimes: des crimes de droit commun d'une part, et le crime politique par excellence, la *perduellio*, de l'autre. Malgré tous les vestiges de vengeance, le mobile satisfactoire ou vindicatoire a considérablement perdu du terrain avec le triomphe de la procédure publique, sans doute introduite par les XII Tables. En effet, désormais, même en l'absence d'une victime, même si celle-ci refuse d'agir, le meurtre est poursuivi d'office. Le magistrat tient un rôle dynamique dans l'enquête qu'il poursuit jusqu'au jugement, déféré en dernière instance à une assemblée du peuple. La peine répond, en réalité, à une attitude d'auto-défense de la communauté dans son ensemble. Les modalités de l'exécution capitale confirment l'exemplarité calculée. Les peines sont publiques, symboliques et parlantes: supplice du feu par vivicombustion pour l'incendiaire; précipitation du haut de la Roche Tarpéienne pour le témoin parjure; pendaison du meurtrier à un arbre stérile...

Cas à part, le crime de *perduellio* lèse immédiatement et uniquement le groupe civique. La victime se confond avec la communauté.

La mort par décapitation élimine le coupable. Mais il semble que cette élimination physique relève de la vengeance collective, et non de l'auto-défense ou de l'expiation.

II. La prééminence de la peine dissuasive aux temps impériaux

Au second siècle après JC, Aullu-Gelle (NA,20,1) oppose le philosophe Favorinus au juriste Africanus dans un débat sur la signification de la peine.

Favorinus défend la fonction réparatrice, mais déplore qu'avec le temps, elle soit devenue méconnaissable. La peine doit pourtant coller le plus étroitement possible au mal subi par la victime et à l'étendue de la faute du coupable ce qui, constate-t-il, n'est plus le cas de son temps.

Le juriste Africanus, à l'opposé, défend l'exemplarité des peines. Celles-ci sont destinées à frapper de terreur les délinquants potentiels. Il écrit d'ailleurs: «La sévérité de la répression est souvent une leçon de conduite, un moyen de discipline morale».

Les cercles éclairés sont donc parvenus, consciemment, à isoler deux fonctions alternatives de la peine et à les exprimer. La recherche de l'exemplarité est officiellement hissée au même niveau que le souci de rétribution. Comment la pratique du droit arbitra-t-elle ce conflit entre l'intérêt particulier et l'intérêt de la collectivité ?

Le vocabulaire de la peine reste imprégné des idées de revanche, de vengeance et de rétribution. La peine garde une fonction réparatrice, que la peine soit privée (celle du vol, par exemple, qui profite uniquement à la victime) ou publique (la victime n'y prend pas part). Dans ce dernier cas la peine est cependant une forme de *satisfactio* donnée à la victime.

On peut laisser de côté, car peu significatifs dans leur évidence, tous les exemples empruntés à des peines privées. L'intérêt de la victime saute aux yeux, puisqu'elle empoche le montant de la peine.

Rien non plus à dire des cas où sont maintenues vivantes les obligations familiales de venger le crime paternel en obtenant la condamnation du coupable.

Ceci mis à part, on perçoit bien encore, sous l'Empire, la fonction rétributive de la peine, restée vivante. L'une des fonctions du châtiment public est d'apporter une consolation aux familles des victimes, qui peuvent constater le supplice infligé aux coupables.

De même les prudents sont-ils conduits par la recherche d'un juste rapport ou d'une exacte proportion entre la peine d'une part et la faute (ou la gravité du tort) de l'autre. C'est ce dont témoigne, entre autres, Ulpien. D'une manière plus générale, les crimes contre la parenté sont réprimés plus sévèrement que les mêmes actes commis contre des étrangers à la famille. En fait, dès l'époque de Cicéron, la Cité affirme que le respect de la justice corrective ou rétributive relève de son devoir: «toutes les peines que les lois ont établies ont été constituées pour punir les fautes et la méchanceté» (*de inventio.* 2 , 47, 138). Réprimer les crimes, par là satisfaire le désir de vengeance ou de réparation, est d'ordre public. Il s'agit bien de l'une des hautes missions de la loi: rendre à chacun son dû, répartir, selon les mérites, les droits et les peines selon l'idéal de la justice distributive. Mais il s'y glisse aussi insensiblement une autre préoccupation et l'on passe d'une vocation rétributive de la peine à une fonction également préventive. Ce que veut la Cité, c'est affirmer que le crime ne paie pas.

L'influence de la philosophie peut expliquer cette évolution. Si Aulu-Gelle reconnaît une égale importance à la rétribution et à la dissuasion, le rhéteur Quintilien n'attribue à la fonction vindicatoire qu'une place secondaire (*decl.* 274), tandis que Sénèque (*de clem.* 1, 22, 1= 3, 20,1), passe complètement sous silence la fonction rétributive, et ne conserve, en deçà des fins morales, que la valeur exemplaire.

Mais les transformations du pouvoir tiennent le rôle décisif dans le déclin progressif de la peine rétributive. Dès le IIIème siècle après JC., en recourant, en marge de la procédure régulière, à la procédure extraordinaire, l'empereur et ses juges délégués aggravent les peines pour mieux dissuader; ils poursuivent d'office des crimes laissés jusque là à la sphère privée. Le Prince, s'il veut un exemple, peut aussi, dans sa toute puissance, aggraver une peine.

Sa miséricorde pourra, de même, faire la grâce d'un châtiment mérité. L'intrusion de la volonté impériale dans l'équilibre fragile de la peine pèse désormais très lourd.

Il serait assurément faux d'affirmer que le souci de l'exemple dissuasif n'apparaît dans la réalité que sous l'Empire. On le rencontre dès l'époque archaïque; Térence (*Héaut.*, prol. 51) le connaît, de même que Tite-Live (2, 5, 9) ou, dans ses Verrines, Cicéron (2,5,9,22). Mais ces quelques précédents ne retirent rien à la nouveauté d'une tendance sensible à partir du IIème siècle après JC. Le souci de l'exemplarité conduit les interprètes du droit ou l'empereur à adopter deux attitudes nettement distinctes.

Dans un certain nombre de cas, il s'agit de l'exemplarité obtenue grâce à la publicité de la peine «afin que le spectacle terrifiant du supplice éloigne les autres de crimes semblables», dit Callistrate, D. 48, 19, 28, 15; on doit aussi mettre l'accent sur la promptitude de la répression (*Ulpien*, D. 48, 19, 6, 1), qui souligne également la vertu correctrice, pour le délinquant lui-même, de la peine qu'il mérite.

En revanche, la peine ne passe pas aux héritiers: «la raison en est, selon Paulus, que la peine est perçue comme établie pour corriger les hommes; une fois mort, la peine n'a plus d'objet» (D. 48, 19, 20).

Mais l'attitude de beaucoup la plus importante est la recherche délibérée d'une aggravation de la peine, à fin d'exemplarité. La justice rétributive est tournée; le coupable subit une rigueur excessive; le destinataire véritable n'est plus le délinquant lui-même ni la victime, mais le groupe dans son ensemble. C'est Hadrien qui semble (d'après les sources disponibles) avoir franchi le pas (*Collatio* 1, 11, 2): là où l'exemplarité est requise, car les risques de délinquance sont grands, la peine sera exceptionnellement dure.

L'auteur d'un très rare ouvrage consacré au droit pénal, Claudius Saturninus, s'inscrit exactement dans la ligne de cette nouvelle politique répressive. (Conception rappelée par une constitution de 224 (C. 4, 55, 4), comme plus tard par le jurisconsulte Tryphonianus (D. 16, 3, 31, pr.)).

La recherche de l'avertissement et le souci de la prévention culminent dans un certain nombre de décisions assez surprenantes. Sans victime ni coupable, il n'y a pas de *vindicta* possible. Et pourtant il y a *poena*: En fait, on exploite en l'élargissant considérablement un précédent du droit prétorien: le préteur punissait d'une amende fixe le simple fait de poser, d'accrocher, de suspendre à une fenêtre un objet susceptible de tomber. C'est le dommage éventuel causé par la chute possible qui justifiait une peine immédiate. L'action répressive du préteur est purement préventive: c'est le risque qui est réprimé ou, si l'on veut, le comportement socialement menaçant. Les empereurs vont s'engouffrer dans ce précédent et considérablement l'élargir.

Dans l'Empire tardif, à partir de la fin du IVème siècle, les préoccupations d'une politique répressive, soucieuse avant tout d'efficacité dissuasive, l'emportent. Pourtant, cette confirmation de la priorité du rôle dissuasif de la peine ne fait pas complètement disparaître l'essence de celle-ci qui, pour une part indélébile, rétablit l'ordre par une condamnation réparatrice.

Quel est d'abord le legs du passé? L'idée de représailles s'est diluée, puisqu'on exalte aujourd'hui une revanche démesurée, *severissima, acerbissima, atrocior*. On invoque, les avantages d'une stratégie de la peur: renforcées, les peines ne rempliront-elles pas mieux leur fonction dissuasive? Certains, comme l'auteur des Sentences dites de Paul, constatent l'absorption de la rétribution au service de l'intimidation et la justifient par les contraintes de l'ordre public. L'intérêt de la victime passe au second plan. Il s'est dilué au sein de l'ordre public.

Cette nouvelle politique d'intimidation devient une constante. Il est frappant de constater que, dans la constitution *Dedôken* qui introduit le Digeste, Justinien désigne comme *duo libri terribiles* les livres 47 et 48 du Digeste consacrés au droit criminel (*Dedok.* § 8 a). On y lit: «Qu'ils se gardent d'un tel crime par la crainte d'une peine atroce».

La rigueur ne découle pas toujours d'une peine alourdie. Dioclétien avertit les juges qu'il n'entend pas que les condamnés attendent d'eux une quelconque clémence. Mais les victimes sont elles aussi directement concernées. En effet, le pardon qu'ils pourraient accorder est devenu un délit, car l'impunité qu'il assure ne peut que multiplier les crimes. La plainte de la victime, devenue obligatoire, ne tend plus seulement à obtenir satisfaction ou vengeance. Elle est engagée de force dans la lutte contre la criminalité.

En conclusion, il apparaît qu'à la fin de l'Empire, une très longue évolution s'achève. La justice rétributive, devenue accessoire, est mise au service d'un autre impératif maintenant prioritaire: pourchasser le crime avec automatisme, traquer la délinquance avec une certitude qui ne laisse aucun espoir aux coupables. La vocation sociale de la peine, son efficacité dissuasive, l'emportent sur la vieille valeur vindicatoire ou individuelle.

Quant au souci de l'amendement, du redressement moral, si rarement exprimé dans les sources juridiques romaines, il ne réussit pas à s'affirmer. L'amélioration de l'âme ou du cœur, chère aux moralistes et aux philosophes, ne se hisse pas à la hauteur d'une finalité spécifique de la peine. Elle reste, plus que jamais, accessoire, comme un élément marginal d'une politique répressive générale, destinée avant tout à éviter l'extension de la criminalité par contagion ou la permanence d'une attitude socialement dangereuse.

Des raisons de punir: quelques réflexions sur le discours des philosophes dans la Rome antique

ANNE VIAL-LOGEAY

Université de Rouen, ERIAC (Equipe de Recherches Interdisciplinaires sur les Aires Culturelles)

> Songe à toutes les méchancetés que tu vois se faire autour de toi; regarde combien peu il est de forfaits sans exemple; comme de jour en jour la perversité progresse; combien de manquements sont commis par des particuliers soit dans la vie publique soit dans la vie privée. Tu comprendras que nous obtenons suffisamment en ne comptant pas parmi les pires [...] Nous marchons à la vertu en nous débattant au milieu de nos vices.[1.]

Bien qu'attendu dans une perspective stoïcienne, le constat dressé ici par Sénèque n'en est pas moins accablant: la cité réelle n'est véritablement rien d'autre qu'une cité d'insensés. A ce titre, la remarque sénéquienne ouvre la voie à une «histoire cachée», mais bien réelle, de la philosophie politique et morale: l'histoire des raisons de punir, qui représente avec la propriété l'un des principaux aspects du champ politique dans l'Antiquité.

Cette affirmation peut avoir de quoi surprendre: selon les Stoïciens, en effet, toutes les fautes se valent, et les mêmes exemples d'école reviennent – qui tue un esclave tue son père[2], voire qui tue un poulet tue son père – si bien que seules deux attitudes semblent possibles de ce point de vue, toutes deux d'ailleurs historiquement attestées. La première est celle du retrait individualiste de la vie politique, et elle est attribuée à Zénon, l'un des fondateurs du stoïcisme – il faut dire

1 Sénèque, *Lettres à Lucilius*, 75-76: *«cogita quantum circa te uideas malorum, aspice, quam nullum sit nefas sine exemplo, quantum cotidie nequitia proficiat, quantum publice priuatimque peccetur: intelleges satis nos consequi, si inter pessimos non sumus [...] Ad uirtutem contendimus inter uitia districti»*.

2 Cf. Cicéron, *Pro Murena*, 61.

que ses liens avec les Cyniques l'y portaient quasi-naturellement. La deuxième est celle, par exemple, du rigoureux Caton, comme l'expose Cicéron dans son discours Pro Muréna: ayant trop écouté Zénon, pour qui toutes les fautes se valent, Caton applique ses préceptes sans nuances ni réfléchir par lui-même, et juge de manière impitoyable, sans prendre en compte les circonstances[3]. Cependant, contre le lieu commun stoïcien de l'égalité des fautes, qui n'entraîne du coup aucune hiérarchie dans les châtiments, la plupart s'insurgent, de tous côtés. Horace[4], Cicéron[5], Sénèque lui-même: autant de voix qui s'élèvent pour condamner non seulement un rigorisme insensé, mais aussi la cruauté du châtiment. Pourtant, cette réprobation repose sur un contresens, plus exactement un déplacement de sens: comme l'observe d'ailleurs Cicéron lui-même, si, une fois franchies les limites, le franchissement reste un fait acquis en tant que tel, ou si l'on peut se noyer à 20 cm de la surface comme à 2 m de profondeur, il n'en demeure pas moins que l'on peut se trouver plus ou moins éloigné des limites, ou de la surface[6]. En d'autres termes, on peut être plus ou

3 Cicéron, *Pro Murena*, 61-62, à propos de Caton: «Il y eut jadis un homme de génie, Zénon, et les zélateurs de ses doctrines sont appelés les Stoïciens. Voici des exemples de ses dogmes et de ses règles morales: le sage est insensible aux recommandations, impitoyable pour toutes les fautes; la compassion n'est qu'ignorance et légèreté. L'homme digne de ce nom ne se laisse ni toucher ni fléchir [...]» *Sapientem gratia numquam moueri, numquam cuiusquam delicto ignoscere; neminem misericordem esse nisi stultum et leuem; uiri non esse neque exorari neque placari.* D'où la réaction de Caton: ce serait un crime, un forfait, que de céder à la pitié; un homme se reconnaît coupable et demande grâce pour sa faute: c'est un horrible forfait que de pardonner, etc. (*sceleratus et nefarius fueris si quicquam misericordia adductus feceris; fatetur aliquis se peccasse et sui delicti ueniam petit; nefarium est facinus ignoscere; at leue delictum est: omnia peccata sunt paria – ibid.*, 62).

4 Horace, *Satires*, I, 3, 96-99: «Ceux qui ont décrété, en règle générale, l'égalité des fautes, sont fort en peine quand on vient à la réalité: le sens commun, les usages sociaux s'y refusent ainsi que l'utilité qui est aussi la mère du juste et de l'équitable».

5 Avant d'en venir à justifier ce paradoxe en 46 av. J.-C., dans les *Paradoxa Stoïcorum*, III, 25.

6 Cf. Cicéron, *Paradoxes des Stoïciens*, I, 20; voir également *De officiis*, III, 48.

moins facile à sauver de la noyade. Une telle remarque ouvre la marge de la progression, et donc, en ce qui concerne les fautes, de la punition, entendue non comme rétribution impersonnelle, ni comme vengeance[7], mais comme prise en compte de l'individu en même temps que de la société. Je m'intéresserai ici particulièrement au stoïcisme sous la Rome impériale, tel qu'il a pu être représenté par Sénèque, point d'aboutissement temporaire de cette réflexion, qui se manifeste dans l'écriture du traité *Sur la colère* ou du *De clementia.* Tout comme le *De ira*, composé dans les dernières années du règne du Claude, le *De clementia*, que l'on date généralement de la fin de l'année 55 av. J.-C., adressé donc au tout jeune Néron, manifeste le souci de respecter le pacte fondamental qui unit les hommes entre eux. Au-delà de leurs implications proprement politiques – la nécessité de convaincre le Prince d'exercer une justice sereine – les deux traités peuvent aussi être lus comme une étape dans la réflexion stoïcienne sur les conditions de réalisation d'une sagesse idéale et la vie au sein des cités imparfaites.

Les raisons de punir: la fonction du châtiment

La réflexion sur le vivre ensemble et le lien social a connu un grand retentissement dans l'Antiquité, à Rome tout particulièrement. Or, cette réflexion se révèle moins une théorisation des châtiments appliqués à l'intérieur du peuple romain[8] qu'une problématisation du châtiment lui-même. Nous avons donc le témoignage, à travers Sénèque, de la vitalité de l'évaluation critique du châtiment. En adoptant une telle démarche, il transmet l'image que les Romains aiment entretenir

7 Sur la notion de vengeance dans la philosophie cicéronienne, cf. M. Ducos, *Les Romains et la loi. Recherches sur les rapports de la philosophie grecque et de la tradition romaine à la fin de la République*, Paris, 1984, pp. 352-354.

8 Cf. Y. Rivière, *Le cachot et les fers. Détention et coercition à Rome*, Paris, Belin, 2004.

d'eux-mêmes à ce sujet: celle d'un peuple de la douceur[9], mais il va aussi plus loin: au contraire de Cicéron qui voit dans la vengeance une partie du droit naturel[10], selon Sénèque, punir n'est pas se venger. Ce n'est pas non plus protéger la victime; ce n'est guère, enfin, et en dépit de ce que l'on pourrait attendre immédiatement, protéger la société. Certes, punir, c'est pour le législateur ou le prince, protéger ses concitoyens, mais c'est aussi, et tout à la fois, s'adresser au criminel. D'où une double exigence: proposer à ce dernier un traitement adapté, en graduant la peine en fonction de la gravité de l'acte, et encore est-ce à contrecœur – la peine de mort n'est véritablement qu'un denier recours, et un constat d'échec. La punition ne saurait être assimilée à un rappel de la loi à celui qui l'a violée; elle prend en considération la situation de chacun et lui attribue une peine adaptée, susceptible de lui permettre de prendre conscience de son acte et de lui tracer un chemin vers la guérison. La peine s'inscrit donc dans une pédagogie de la vie civique dont le premier instrument est la rhétorique. Elle est, nous dit Sénèque, comme le degré ultime du langage social.

Exercer la justice, c'est, en effet, d'abord agir à la fois sur les individus et sur le corps social en leur portant remède:

9 A contrario, cf. Tite-Live, *Histoire romaine*, I, 28, 11 sur le supplice de Mettius Fufetius, sous le quatrième roi de Rome, Tullius Hostilius, et la réaction horrifiée des Romains: si Mettius Fufetius s'est bien rendu coupable de trahison, la mise à mort par écartèlement du chef albain suscite l'horreur, d'où le commentaire de Tite-Live: «Ce fut la première et aussi la dernière fois que les Romains employèrent ce supplice qui oubliait les lois de l'humanité. Dans tous les autres cas ils peuvent se vanter d'avoir choisi des châtiments d'une douceur qu'aucun peuple n'est arrivé à dépasser.» Même s'il peut y avoir loin de la théorie à la pratique, la tradition romaine ménage en effet la place à un droit équitable dans certains procès où le juge évalue un dommage, ou dans l'interprétation des textes légaux.

10 Cf. Cicéron, *Topiques*, 23, 90 *Natura partes habet duas, tributionem sui cuique et ulciscendi ius*. Sur l'articulation de la vengeance et du droit naturel, cf. J. Brisset, «Le stoïcisme et la vengeance», *Revue d'Histoire du Droit*, 1980, pp. 57-68 et la critique de M. Ducos, *op. cit.*, p. 353, note 65.

> Comment! une punition ne sera pas nécessaire? Pourquoi pas? Car celle-ci ne nuit pas, elle guérit sous couleur de nuire. De même que nous passons au feu, pour les redresser, certains javelots tordus et que nous les serrons en y mettant des coins non pour les briser, mais pour les allonger, de même par la souffrance physique et morale nous corrigeons les caractères dépravés. Voyez le médecin...[11]

Selon Sénèque, la justice doit donc être curative, et non répressive: la crudité de l'image du châtiment et de la violence corporelle au travers de laquelle il s'applique est ici corrigée par la métaphore médicale qui revient à maintes reprises dans le traité Sur la colère, et sert de paradigme au comportement du Prince:

> C'est ainsi que doit agir le protecteur des lois, le dirigeant d'une cité: tant qu'il peut, il traite les esprits par des paroles, et encore assez douces, de façon à persuader chacun de faire son devoir, à lui inspirer le désir du bien et de la justice, à faire naître la haine des vices et l'estime des vertus; qu'il passe ensuite à un langage plus sévère pour avertir encore et réprimander, qu'il en vienne en dernier lieu à des châtiments et tout d'abord à des peines légères, auxquelles on puisse même surseoir; que les derniers supplices soient réservés aux derniers des criminels, de façon qu'il ne périsse personne (à moins que périr ne soit un bien même pour celui qui périt.[12]

Mais on le voit à travers cet extrait punir, c'est aussi prévenir: le châtiment relève d'un acte prospectif, et non simplement rétrospectif: «Aucun homme raisonnable ne punit parce qu'une faute a été commise, mais pour qu'elle ne le soit plus; car le passé est irrévocable, l'avenir se prévient»[13]. Le caractère irréversible du temps qui fait que la punition d'un crime ne l'annule pas, et n'empêchera jamais qu'il ait été commis; l'identification du rôle de juge à celui d'un médecin; l'exaltation d'une raison purifiée des passions orageuses et punitives – car il importe de distinguer le châtiment de la vengeance –: autant de motifs pour ne pas punir sévèrement, ou s'il faut s'y résoudre, pour transformer la peine en rituel social qui ait du sens pour tous. La di-

11 Sénèque, *De ira*, I, VI, 1.
12 *Ibid.*, I, VI, 1.
13 *Ibid.*, I, XIX, 7.

gnité du groupe social qu'on suppose à l'œuvre en tout individu, fût-il criminel, exige ainsi un rituel d'exécution de la peine de mort, à rebours de ce qui se produit dans la Rome du Ier siècle:

> L'exécuteur des lois entoure la mort du condamné d'un appareil déshonorant; ce n'est pas qu'il trouve un plaisir dans le châtiment (loin du sage une pareille barbarie!) mais ainsi les suppliciés seront un exemple et puisqu'ils n'ont pas voulu se rendre utiles à qui que ce soit, ils le seront au moins par leur mort à l'Etat *(et quia uiui noluerunt prodesse, morte certe eorum res publica utatur).* Donc la nature humaine n'est pas avide de châtier; la colère non plus n'est pas dans la nature humaine, puisqu'elle est avide de châtier. [14]

La peine ne se justifie donc pas par la souffrance qu'elle impose et il existe de ce fait, et c'est ce qui m'intéresse ici, un régime rationnel de la peine, voire de l'absence de peine.

Punir comme acte de raison. On a raison de punir.

Non seulement y a-t-il des raisons de punir, mais encore a-t-on raison de punir, si l'on sait faire preuve de raison. Il n'y a pas ici que le plaisir du jeu de mots. La mention de l'utilité dans la citation précédente (les suppliciés qui n'ont pas voulu se rendre utiles à qui que ce soit le seront, au moins par leur mort, à l'Etat) renvoie au lien social dans le stoïcisme et à la nature de l'homme, naturellement né pour vivre en compagnie de ses semblables: nous sommes, par nature, portés à aimer les hommes, en quoi réside le fondement du droit, comme le rappelait déjà Cicéron[15]. Réfléchie comme une communauté naturelle, littéralement un corps social (l'image revient à plusieurs reprises, que ce soit avec le recours à l'exemple de la médecine, ou que ce soit l'image du corps physique avec une tête et des membres), la société

14 *Ibid.*, I, VI, 4.
15 Cicéron, *Des lois*, I, 43

trouve son lieu d'inscription dans la famille humaine, qui se prolonge naturellement dans la cité. il s'agit certes d'une communauté d'intérêts, mais qui n'est pas pour autant susceptible d'être perçue comme un ordre fondé autrement qu'en raison. Du coup, lorsque l'on en vient à la justice, la peine ne s'adresse pas – ne s'adresse jamais – à un étranger, mais à un membre du groupe.

En effet, si, hors de la vertu du sage, il n'est que folie des insensés parce que tout est indifférent face à la vertu, il n'en reste pas moins que tout insensé peut progresser en direction de cette dernière. La difficulté à laquelle se heurte traditionnellement le stoïcisme reste toujours de concilier deux points de vue: celui de la sagesse, qui répond à la loi du tout ou rien, d'où les célèbres «paradoxes stoïciens» (seul le sage est riche, seul il est heureux, seul il est libre, juste, courageux, etc.), et celui de la progression morale, aux nombreuses nuances de relativité. Mais du même coup, lorsqu'il s'agit d'en venir à la punition et au châtiment, cette distinction sage/insensé ne tient plus, puisque l'acquisition de la sagesse n'est pas assimilée à une position hiérarchique, et, hormis le sage, personne n'est réellement juste puisque personne n'est vertueux. Il n'en reste pas moins qu'il existe des degrés de folie, et que certains sont plus insensés que d'autres. Or, même les hommes les plus pervertis connaissent une exigence et une forme de justice, bien que celle-ci demeure inaboutie. Ainsi, dans le *De officiis*, Cicéron écrit-il que:

> [...] la justice est indispensable pour conduire une entreprise et son importance est si grande que pas même ceux qui tirent leur subsistance de méfaits et de crimes ne peuvent vivre sans quelque «petite» parcelle de justice, *sine ulla particula iustitiae*. Car celui qui vole ou prend quelque chose à l'un ce ceux qui font du brigandage avec lui, celui-là s'exclut, même du brigandage, et celui qu'on appelle chef-pirate, s'il ne partageait pas équitablement le butin, ses compagnons le tueraient ou l'abandonneraient... Ainsi, puisque si grande est l'importance de la justice qu'elle consolide et augmente la puissance même des brigands, quelle sera son importance, pensons-nous, dans le cadre des lois, des tribunaux et d'un Etat organisé?[16]

16 Cf. Cicéron, *De officiis*, II, 40.

La «société» des brigands, qui par définition sont sans lieu et hors société dans l'Antiquité[17], connaît à ce point une exigence de justice qu'elle peut servir de paradigme pour penser la cité réelle. Même pervertis, les hommes qui vivent ensemble connaissent une sorte de justice qui appartient à l'appropriation, c'est-à-dire à la conservation de soi et aux relations avec autrui. Il s'agit d'une forme de justice imparfaite, non-achevée, qui relève de ce que les Stoïciens appellent l'*hexis*, ou habitus, et qui trouve son fondement dans le caractère continu de la notion stoïcienne d'appropriation *(oikeiôsis)*, qui englobe sans discontinuité l'impulsion de l'animal à se conserver lui-même et l'action rationnelle du sage, en passant par l'action des insensés, et, d'autre part, dans le fait que la vertu ne trouve sa valeur que dans sa réalisation effective, insérée dans le monde, et dans des circonstances données.

D'où deux conséquences de poids: l'exigence de justice, si imparfaite soit-elle, établit un lien de reconnaissance mutuelle à l'intérieur du genre humain; le principe même du châtiment, dès lors qu'il repose explicitement sur une visée droite de la justice, peut être accepté par tous, même par le criminel. Aussi injuste soit-il, tout homme a une sorte de notion commune, même pervertie, de la justice. En lui opposant la loi et l'équité, on commence à le ramener à lui-même; c'est pour cette raison même que celui qui reproche un crime à un autre ne le fait pas, ou ne doit pas le faire, de manière inamicale, et donc se rendre étranger à celui qu'il juge. C'est au nom de l'étroitesse des liens entre les hommes que la justice est invoquée, et c'est parce que même l'insensé est appelé à être homme que le sage peut le blâmer, mais ce blâme ne signifie rien d'autre que la volonté de renouer le lien là où il a été interrompu. Du moins dans une société où le sage est en charge du blâme, et du châtiment. Dans la société de tous les jours, la société ordinaire, où la justice qui est exercée est le fait non de sages

17 Comme le fait observer C. Wolff, *Les brigands en Orient dans le Haut Empire romain,* Ecole Française de Rome, De Boccard, 2003, la définition du brigand dans l'Antiquité est d'abord négative: le brigand est celui qui n'est pas dans la cité, qui n'appartient pas à la cité. D'où la sévérité des châtiments qui leur sont appliqués.

mais d'insensés, comment la justice peut-elle être administrée? Il faut qu'elle le soit avec autant de douceur que celle dont témoignerait le sage.

Même si Sénèque, malgré sa familiarité avec le monde du droit, semble manifester un intérêt limité pour la science juridique, lui préférant le monde de la réflexion philosophique, il n'en demeure pas moins dans la droite ligne de l'esprit de la justice romaine, où la détention n'a jamais pour fonction de punir le coupable ni a fortiori de le corriger[18]. Pour lui, le système pénal repose sur un examen au cas par cas des crimes reprochés, plutôt que dans l'application d'une loi impersonnelle; il s'épanouit dans une histoire individuelle, et le sens de la peine se voit ordonné à l'individu, puisque la classification des crimes ne s'opère ni selon le dommage causé, ni selon la transgression de la loi.

> Le sage remettra beaucoup de punitions; il sauvera beaucoup d'âmes mal portantes, mais guérissables. Il imitera les bons agriculteurs [...] Le sage saura discuter le traitement qui convient aux divers sujets et la méthode qui redresse les penchants dépravés...[19]

C'est d'ailleurs à ce titre que Sénèque opère une distinction entre la compassion, *misericordia*, et la clémence, *clementia*. Jusqu'où faut-il

18 Cf. Y. Rivière, *op. cit.,* pp. 159 sqq. «A l'opposé de la recherche d'une telle efficacité, les empereurs proclament qu'elle est une violence supplémentaire infligée à un condamné, livré plus tard au supplice ou à l'exécution d'une peine sui le plonge dans la servitude [...] Dans la législature impériale, la détention qui précède l'exécution est parfois considérée comme une *poena ante supplicium,* c'est-à-dire comme un châtiment accessoire et non comme une peine afflictive. De même si le forçat échappé est mis en prison après son arrestation et y purge une partie de sa peine, les magistrats ont le devoir de le reconduire au ‹travail public› [...] Enfin, l'emprisonnement causé par une dette envers l'Etat, prend fin au moment de l'acquittement par le débiteur ou par un tiers en son nom – la prison est ici encore un moyen de contrainte. Dans tous ces cas, les fers sont imposés soit dans l'attente de l'exécution de la peine proprement dite, soit de son extinction s'il s'agit d'un remboursement». Dans la pratique judiciaire romaine, la prison, *carcer,* était l'antichambre de la mort.

19 Sénèque, *De clementia*, II, 4.

punir? On songe à la réplique de Socrate à Polémarque dans la République: «est-ce donc, dis-je, le fait d'un homme juste que de nuire à quelque humain que ce soit?»[20]; à l'homme en tant qu'homme on ne peut devoir que le bien, et en aucun cas, le mal. Sénèque considère, certes, que les hommes ont une parenté naturelle qui les unit. Cependant, la compassion ne peut en aucun cas servir de pierre de touche pour établir un châtiment ou l'adoucir: elle n'est qu'une identification erronée à autrui, un des effets néfastes du pouvoir de l'imagination, et donc réservée aux femme[21]. En effet, «l'idéal que ‹la clémence› nous trace est d'être utile, d'être secourable et de songer non seulement à soi, mais à tous en général et à chacun en particulier. La compassion est une impression maladive produite par la vue des misères d'autrui ou encore un chagrin causé par les maux d'autrui, que nous trouvons immérités…»[22].

Il existe donc une douceur rationnelle, qui ne relève pas des affects (prise en considération du châtiment réservé au criminel, et de ses larmes; prise en considération de la douleur de la victime) mais de l'apprentissage de la sagesse, et qui vient se heurter à l'exigence d'un châtiment sévère.

20 Platon, *République*, II, 355 b.

21 Cf. *De clementia*, II, V, 1 «De même donc que la religion honore les dieux, tandis que la superstition les outrage, ainsi les gens de bien feront preuve de clémence et de mansuétude *(clementiam mansuetudinemque)*, mais chercheront à éviter la compassion *(misericordiam autem uitabunt)*; car elle n'est que l'état morbide d'une âme faible défaillant à la vue des maux d'autrui. Aussi est-ce aux êtres inférieurs qu'elle est le plus familière; ce sont les vieilles et des femmelettes qui se laissent toucher par les larmes des plus grands criminels; si elles le pouvaient, elles enfonceraient la porte de la prison. La compassion voit non pas le motif de la peine, mais le sort fait au coupable; la clémence, elle, se range au parti de la raison».

22 *De clem.*, II, V, 1. Cf. aussi *De clem.* I, XX, 3: «De même que la générosité ne consiste pas à être large du bien d'autrui, mais à se priver pour donner aux autres, être clément selon moi, ce n'est pas voir d'un œil indulgent le mal fait aux autres, mais ne pas bondir en avant sous l'aiguillon de la souffrance, lorsqu'on est la victime; comprendre qu'il est généreux de supporter les injures, lorsqu'on est maître souverain et qu'il n'y a pas au monde d'action plus glorieuse que l'immunité laissée au crime quand un prince est l'offensé».

Punir, raison ou déraison?

Le texte du *De clementia* structure de façon étonnante la douceur du châtiment, voire son absence. Le but de Sénèque consiste à adoucir la peine, la neutraliser, voire l'anéantir. Si le crime commis n'institue pas de séparation radicale entre le délinquant et les autres membres de la société, c'est aussi parce qu'étant tous membres de la même communauté, nous sommes tous ou presque compagnons d'infortune, et insensés:

> Dans une chambre d'enquête, combien y a-t-il de juges qui ne tombent précisément sous le coup de la loi en vertu de laquelle ils enquêtent? Combien y a-t-il d'accusateurs qui soient exempts de fautes? Et, si je ne me trompe, personne ne fait plus de difficulté d'accorder le pardon que celui qui s'est mis trop souvent dans le cas de le demander. Nous avons tous commis des fautes, qui graves, qui légères, les uns de propos délibéré, les autres décidés par une occasion fortuite ou égarés par la perversité d'autrui; tel n'a pas eu le courage de suivre jusqu'au bout ses bonnes résolutions et a perdu son innocence malgré lui, tout en cherchant à la retenir … Et quand même on aurait progressé et nettoyé son âme au point de n'avoir plus à craindre de trouble et d'erreur, on ne serait pourtant parvenu à l'innocence qu'après bien des fautes.[23]

Toute une partie de la société, même et peut-être surtout celle qui exerce les plus hautes responsabilités, puisqu'elle se trouve en charge d'appliquer la justice, ce lien qui unit les hommes entre eux, a commis des fautes, soit de propos délibéré, soit en cédant à l'occasion, soit en se laissant entraîner: le soin apporté par Sénèque à opérer ces distinctions montre sa volonté de prendre en compte tout type de faute ou de crime. Le constat empirique fait apparaître entre les juges et membres de la société un lien avec le criminel dont la base est constituée par un rapport de force: celui de la position hiérarchique. Il n'y a pas de sujet social vertueux, et, partant de là, il n'y a pas de vrai fondement à l'exclusion. Tous coupables, donc, même s'il y a ceux qui se font prendre, et ceux qui échappent (ou du moins le croient-ils) à la justice.

23 Cf. *De clementia*, I, VI, 6.

Et sous ce rapport, la plupart des hommes veulent, de manière pathologique, la punition pour quiconque est pris à entreprendre une action criminelle. Pourtant, frapper autrui, c'est, authentiquement, se frapper soi-même, et il importe de prendre en compte la marge de progression laissée à chacun. Graduer les punitions, c'est rendre une justice fortement individualisée.

En effet, la loi s'inspire de trois principes dont le prince doit s'inspirer lui aussi: elle veut corriger celui qu'elle frappe, ou améliorer les autres par cet exemple, ou donner aux autres plus de sécurité par la suppression des méchants.

> Quant aux coupables, on les corrigera plus aisément si l'on diminue leur peine: car on surveille plus exactement sa conduite lorsqu'on n'a pas perdu entièrement son honneur. Nul ne ménage sa dignité lorsqu'il n'en reste plus rien; c'est une manière d'échapper aux châtiments que de ne plus donner prise aux sanctions. D'autre part, les mœurs des autres citoyens se corrigent mieux si l'on est sobre de punitions. Le grand nombre de délinquants crée l'habitude du délit, et l'on ressent moins la flétrissure quand l'effet en est atténué par la foule des condamnations; la rigueur par sa fréquence perd sa principale vertu curative, qui est d'inspirer le respect.

Le champ sémantique de l'honneur et du respect auquel recourt ici Sénèque, s'inscrit dans le vocabulaire politique romain: il s'agit bien, lorsque l'on punit, d'avoir en tête le lien social à restaurer dans une société du blâme et de l'honneur, où la carrière politique se nomme aussi carrière des honneurs, *cursus honorum*. L'exigence du vivre ensemble impose tantôt le pardon, tantôt la clémence qui, l'un comme l'autre, reconnaissent l'injure subie. Dans tous les cas, ils n'interviennent qu'après procès et condamnation. Ils ne visent donc pas à nier le crime, mais l'envisagent du point de vue du coupable et de son possible amendement.

L'affirmation de l'humanité est donc… très humaine. Condamner à mort, c'est renoncer à tout espoir de lien social entre êtres humains, c'est désespérer de toute possibilité d'amendement du sujet. Il n'est pas jusqu'au crime suprême, le parricide, qui ne puisse faire l'objet de pardon. Ce pourquoi Tarius, sous le Principat d'Auguste, jugeant son fils pris à comploter un parricide, fit preuve d'humanité en le condamnant à la relégation à Marseille, loin de Rome et loin de lui, mais en lui laissant la possibilité de s'accomplir en tant qu'être humain dans une autre société[24]. Comme le formule très justement E. Evrard, à l'idée de châtiment se substitue ici l'idée d'une sorte de protection sociale, visant à empêcher que la proximité ne fasse renaître des oppositions et des conflits[25]. Le pardon transforme la peine méritée en ouverture sur une vie nouvelle: les liens humains ont été mis à mal, mais le fils de Tarius pourra peut-être apprendre leur valeur ailleurs et dans un autre temps; le réalisme qui veille à ne pas faire vivre ensemble deux êtres dont l'un complote la mort de l'autre, laisse aussi l'espoir d'une évolution positive.

Sénèque n'ignore pas la vertu de la peine, mais il y voit aussi un instrument intellectuel, dont le rôle est de manifester la gravité des crimes et offenses respectifs:

> Une fraction importante de l'humanité est capable de retourner au bien si on lui pardonne. Toutefois, il ne convient pas de pardonner sans distinction; car lorsque toute différence est abolie entre méchants et bons, la confusion s'ensuit et le déchaînement des vices. Aussi faut-il user de pondération pour faire un départ judicieux entre les sujets guérissables et ceux dont l'état est désespéré [...] pardonner à tous est cruauté aussi bien que refuser tout pardon. Nous devons nous tenir au juste milieu; mais comme la mesure est difficile à observer, toutes les fois que la balance devra pencher d'un côté, que ce soit du côté le plus humain.[26]

24 Sénèque, *De clementia*, I, XV, 6-7. Précisons toutefois qu'il ne s'agissait que d'un projet de parricide et qui relevait donc d'un jugement privé; lorsque le parricide est commis, il fait l'objet de poursuites publiques, et du châtiment dit *poena cullei*. Sur le crime de parricide, et ce que recouvre cette notion, nous renvoyons tout particulièrement à l'article de Y. Thomas, «Parricidium. Le père, la famille et la cité. La *lex Pompeia* et le système des poursuites publiques», *MEFR* 93, 1981, pp. 643-715.

25 E. Evrard, «Sénèque et l'enfermement», in *Carcer. Prison et privation de liberté dans l'Antiquité classique*. Actes du colloque de Strasbourg (5 et 6 décembre 1997), édités par C. Bertrand-Dagenbach, A. Chauvot, M. Matter et J.-M. Salamito, De Boccard, 1999, pp. 179-190.

26 Cf. déjà Cicéron, *Paradoxes des Stoïciens*, III, 23 Quelle force est plus capable de repousser les hommes loin de toute absence de vertu, que s'ils se rendent

En effet, si le bien est diffusif de soi, le mal l'est également: «Au surplus, tu constateras que les fautes se répètent souvent, lorsqu'elles sont souvent réprimées. Ton père, rappelle Sénèque à Néron, en l'espace de cinq ans, a fait coudre dans le sac plus de gens qu'on n'en avait cousu dans tous les siècles de l'histoire[27]. Les enfants s'enhardissaient beaucoup moins à commettre le dernier des sacrilèges, tant que ce crime n'était pas prévu par la loi»[28]; ou encore: «Que le public se croie vertueux, et il le sera; il montrera plus d'indignation contre ceux qui s'écartent de l'honnête moyenne, s'il les voit peu nombreux. Il y a une publicité de la peine qui nuit à cela même qu'elle voudrait combattre»[29]. C'est parce que la sagesse est si peu et si mal répartie qu'il convient de ne pas exhiber le grand nombre de méchants. La psychologie sociale vient en renfort de l'éducation au bien, et l'habileté du sage égaré parmi les insensés consistera donc à créer dans la cité particulière des conditions propices à l'éclosion de normes conformes à la loi naturelle, normes visant l'appropriation progressive de la raison par les hommes. En effet, si du point de vue de la sagesse toutes les action imparfaites sont considérées comme insensées, toutes les actions imparfaites ne se valent pas pour autant, et le sage sait reconnaître leur progression dans le chemin de la vertu.

---

compte qu'il n'y a aucune distinction dans les délits, qu'ils commettent une aussi grande faute s'ils portent la main sur un particulier que sur un magistrat, que quelle que soit la maison où l'on a porté le déshonneur, la souillure de la débauche est la même? *quae uis est enim quae magis arceat homines ab improbitate omni quam si senserint nullum in dellictis esse discrimen, aeque peccare se si priuatis ac si magistratibus manus adferant, quamcumque in domum stuprum intulerint eandem esse labem libidinis?*

27 Peine appliquée au parricide: on cousait le parricide dans un sac contenant des serpents, et qui était ensuite jeté à l'eau. Sous Claude, les nombreux cas de parricide ne furent peut-être, ainsi que le suggère P. Veyne (*Sénèque*, Paris, Bouquins, Robert Laffont, 1993, p. 211, n. 1) qu'une forme de psychose collective.

28 Cf. *De clementia* I, XXIII, 1. Cf. également

29 *Ibid.*, I, XXIII, I. La prudence politique n'est pas absente de ce raisonnement: cf. *ibid.*, I, XXIV, 1 «si l'on ne fait grâce à personne, bientôt on verra clairement combien les mauvais citoyens l'emportent en nombre».

Le texte du *de clementia* est fort lacunaire, on le sait, et seul le livre I nous est parvenu semble-t-il dans son entier[30]. La disparition de la quasi-totalité du livre II, à moins tout simplement qu'il n'ait jamais été rédigé, ne nous laisse guère entrevoir ce qu'aurait pu affirmer Sénèque de la clémence, vertu qui pourrait ouvrir l'espace d'une annulation radicale de la distance séparant le criminel de l'«innocent» – avec les réserves formulées par le même Sénèque sur l'innocence toute relative de chacun. En ce sens, la clémence est plus radicale que le pardon: elle nie qu'il puisse y avoir une peine exigible.

La grande «oubliée» de cette réflexion, selon nos critères actuels, c'est la place de la victime, telle qu'elle a pu être exposée il y a peu par C. Eliacheff et D. Soulez-Larivière[31], dans Le temps des victimes: «Comment conserver le sentiment qu'on choisit sa vie quand on subit un préjudice, sinon en revendiquant la recherche d'un tiers responsable qui vienne garantir qu'on n'est pas le jouet d'un destin capricieux?». Sans être niée par Sénèque, la souffrance de la victime n'est pas comptabilisée dans l'établissement du châtiment. C'est que cette souffrance, subie, difficilement mesurable, laisse le sujet seul face au rôle que lui a attribué le destin: l'homme vertueux doit savoir supporter sans broncher les coups de la fortune, qui sont pour lui autant d'occasions de mise à l'épreuve de sa vertu.

Ce n'est pas que tel événement, manifestement injuste, soit juste[32]; l'enchevêtrement des causes formé par le destin comporte des données imperceptibles à l'homme, mais qui font l'histoire et le cours du monde, lesquels, eux, sont justes. On ne peut isoler un événement de la trame du monde. Le sage est celui qui sait parachever sa nature individuelle en l'harmonisant totalement avec la raison divine, et se

30 Sur cette question, cf. par exemple P. Grimal, *Sénèque*, Paris, Fayard, 1978, pp. 119 sqq.

31 C. Eliacheff, D. Soulez-Larivière, *Le temps des victimes*, Paris, Albin Michel , 2007, p. 23.

32 Cf. la question taraudante rapportée par Diogène Laërce, *Vies, doctrines et sentences des philosophes illustres*, VII, 128: «Ils disent que le juste est par nature, non par institution, de même que la loi et la droite raison… Est-ce à dire qu'est juste tout ce qui arrive?»

laisser guider, à l'occasion de chaque événement, par le plus raisonnable en choisissant le bien. La question du châtiment se trouve ainsi renvoyée à la sphère de la justice et du droit naturel. La vraie justice consiste dans la loi naturelle. En d'autres termes, ce que Sénèque propose ici, c'est d'acquérir l'impassibilité d'un roi – il est vrai que seul le sage est roi … – en laissant aux classes inférieures le ressentiment.

La terminologie de la peine au début du moyen âge et ses implications socio-culturelles.

Annette Sousa Costa

Maître de conférences (HDR) à Paris Ouest Nanterre la Défense
Membre du Centre de Recherches Pluridisciplinaires Multilingues (CRPM EA 4418)

L'article suivant est consacré à l'étude de la terminologie de la peine et des sanctions pénales dans les textes de lois d'époque mérovingienne et carolingienne rédigés en latin, plus précisément, les *Leges barbarorum*[1] et les *Capitulaires*. Mon attention se portera en premier lieu sur les termes d'origine germanique, le plus souvent latinisés dans les textes. Cependant lorsque certaines notions auxquelles on pourrait s'attendre ne sont pas exprimées en langue vernaculaire, il est nécessaire de regarder si elles sont représentées et avec quelle fréquence, dans le texte latin, et sous quelle forme.

Les désignations des peines sont réparties en deux groupes. Dans le premier sont réunis les termes concernant les amendes, de loin les plus fréquents. Dans le deuxième, toutes les autres peines, même celles qui sont sporadiquement attestées. Il est important de faire une distinction entre l'amende, c'est-à-dire la somme d'argent qui est payée par celui qui a commis le tort à celui qui l'a subi, et les autres peines. L'amende n'est pas, dans un premier temps, à assimiler à une sanction pénale (qui entraîne la perte des biens et de l'honneur) car il s'agit, comme nous le verrons ci-dessous, en particulier de la réparation, à titre privé, du tort causé à la personne. Cependant elle est le reflet de l'apparition

1 Les *Leges*, sont éditées dans la série *Legum Nationum Germanicarum* des *Monumenta Germaniae historica*, Hanovre. Il en est de même pour les Capitulaires, les Formules, les Actes et Diplômes.

d'un droit[2] pénal public, en ce que l'autorité s'engage à faire respecter la compensation.

L'étude de concepts portant sur un champ défini, en l'occurrence celui de la peine, infligée par un tribunal ou une instance supérieure, permet de dégager des conclusions concernant une réalité socioculturelle, plus exactement de cerner la philosophie sous-jacente à un comportement collectif.

I. Les peines d'argent ou amendes

1. Bannus ou bannum

Bannus / *um*, le mot le plus fréquemment attesté pour désigner l'amende, est un terme central des capitulaires. Il s'agit d'un nom polysémique qui désignait certainement à l'origine la parole[3] du souverain, par là même son pouvoir, en particulier celui de légiférer, sa puissance en soi ou la puissance divine, et par conséquent le règlement

2 Katrin Beyerle, *Buße, weltlich.* In: *Examinatorium Rechtsgechichte* de Mathias Schmoekel et Stefan Stolte, Carl Heymanns Verlag, München, 2008, pp. 284 s.

3 La signification première de *bannus* n'est pas définitivement établie. En effet, d'une part, quelques chercheurs pensent que le terme *bannus* est apparenté à *bandum* «le signe, l'étendard», le considérant alors comme le symbole de la puissance royale, insigne autour duquel, par exemple les troupes, se rassemblaient. D'autre part cette hypothèse est rejetée pour des raisons philologiques. Voir à ce sujet Heinrich Tiefenbach, *Studien zu Wörtern volkssprachiger Herkunft in karolingischen Königsurkunden. Ein Beitrag zum Wortschatz der Diplôme Lothars I. und Lothars II.*, Münstersche Mittelalter-Schriften 15, München, 1973, p. 20 et Annette de Sousa Costa, *Studien zu volkssprachigen Wörtern in karolingischen Kapitularien*, Studien zum Althochdeutschen 21, Vandenhoeck & Ruprecht, Göttingen, 1993, pp. 66 à 74. *Bannus* est assurément lié à l'autorité du souverain, que l'expression de celle-ci se fasse par la parole ou soit symbolisée par le geste ne change rien à sa nature. Cf. Katrin Beyerle et Christiane Birr, *Bann.* In: *Examinatorium Rechtsgeschichte* de Mathias Schmoekel et Stefan Stolte, Carl Heymanns Verlag, München, 2008, p. 280.

ou le décret. Enfin, dans les Capitulaires en particulier, *bannus* est employé de façon récurrente pour nommer différents types de peines. C'est cependant avec la signification 'amende' que le nom est le plus souvent utilisé. Il s'agit en particulier de l'amende royale, c'est-à-dire de celle qui est imposée par le fisc et qui rentre dans les caisses de l'Etat. Son montant varie peu, en général 60 *solidi*, il peut cependant être divisé ou multiplié selon la nature de la faute.

Cette amende est infligée pour divers types de délits. Ils comprennent les affaires concernant le fisc, telles la production de fausse monnaie, les fausses mesures, le prélèvement indu d'impôts ou de taxes douanières, l'usure. Dans le plus grand nombre des cas, il s'agit du non-respect de la loi en général, et en particulier de celles qui visent à protéger certains groupes sociaux comme les veuves, les enfants, ou les membres du clergé. Sont punis en fait tous les délits qui perturbent, dans une mesure plus ou moins importante, l'ordre régnant dans la communauté comme le refus d'obéissance aux autorités, la participation à une association interdite et également les dommages causés aux récoltes ou le refus de passage. Cette amende est infligée en particulier pour les vols considérés comme des infractions graves, et même aussi pour des meurtres. Un examen attentif des attestations montre que le terme polysémique *bannus* est l'expression d'une mesure suprême qui a une fonction de régulation au sein de la société franque. A côté de *bannus* d'autres termes désignent également des amendes dont le champ d'application n'est pas obligatoirement différent.

2. *Fredum*

Le mot *fredum*, déjà attesté dans les diplômes mérovingiens, a de nombreuses occurrences dans toutes les lois des tribus *(Leges)*, à l'exception des *Leges Langobardorum*, dans les Formules, les Actes et les Capitulaires. Il désigne une amende perçue le plus souvent pour un délit grave qui met en danger la paix du royaume. *Fredum* a un équivalent en vieux-haut-allemand. Il s'agit de *fridu*[4] qui glose par ex. des mots latins comme *pax, tranquilla* et *foedus* «alliance, accord de paix». La connotation «paix» est bien perçue dans le terme latinisé alors qu'il désigne «l'amende». En effet, un manuscrit[5] de la loi des Bavarois donne comme explication à côté de *fredo*: id est pace. Cette remarque ne laisse pas de doute quant au but poursuivi par l'autorité.

3. Wargida

Dans un capitulaire[6] pour la Saxe apparaît le terme *wargida*. Il est question dans le contexte de l'amende que doit payer celui qui, lors d'un litige, ne veut pas faire la paix avec ses voisins. Ce terme est isolé, il est possible cependant d'établir son histoire en le mettant en parallèle avec des attestations telles que le mot gotique *wargiþa* «damnation» dérivé de *wargjan* «bannir, damner», proche de *wargs* «le criminel» latinisé en *wargus* «le banni» des Francs ripuaires et de la loi salique[7] qui, dans la version *Karolina*, donne l'explication *«hoc est expulsus de eodem pago»*. Ainsi il est possible de faire entrer le terme *wargida* dans un champ sémantique qui retiendra notre attention un peu plus tard.

4 Schützeichel, *Althochdeutsches Wörterbuch*, 5ème éd., Max Niemeyer Verlag, 1995, p. 141; Taylor Starck / J.C. Wells, *Althochdeutsches Glossenwörterbuch* (mit Stellennachweis zu sämtlichen gedruckten althochdeutschen und verwandten Glossen), Germanische Bibliothek. Zweite Reihe: Wörterbücher, C. Winter Heidelberg, 1971-1990, p. 178.

5 Clm 1415, *Lex Baiuvariorum*, Monumenta Germaniae historica, Legum, 1,5,2, p. 309, ligne 10.

6 *Capitularia Regum Francorum* I, 27, c. 4, ligne 28, 30, 33.

7 Monumenta Germaniae historica, Legum, section 1,4,1, Titre 55,4.

4. Faidus

Le terme *Faidus* est à rattacher au nom *faida*, «*die Fehde*» en allemand moderne, ou *faide* en ancien français, cette vengeance[8], voire sanction privée, menée par la tribu lésée par la mort violente de l'un de ses membres, qui provoquait des troubles au sein du royaume. Il est vrai qu'elle représentait à certains moments un réel danger pour la stabilité sociale

Dans les Capitulaires, le *faidus* est l'argent versé à la personne lésée qui renonce à la faide. Il est évoqué[9] dans une formule en allitération: «*in fredo et faido*», l'amende dénommée *fredo (fredum)* étant elle, versée au fisc, comme nous l'avons vu ci-dessus. La composition est imposée dans le but de faire cesser les pratiques vindicatoires qui dominent.

5. Wergeldus – leudis / leodgeld

Plusieurs termes sont attestés dans les Capitulaires, les *Leges* et d'autres sources pour désigner un autre type d'amende payée le plus souvent par l'auteur d'un meurtre, plus précisément par sa famille. Le plus répandu est *wergeldus* (Il est attesté dans les Capitulaires, les lois des Francs ripuaires, des Alamans[10,] des Bavarois, des Frisons, des

8 A ce sujet cf. Raymond Verdier, Jean-Pierre Poly, Bernard Courtois, *La vengeance dans la pensée occidentale,* Etudes d'ethnologie, d'histoire et de philosophie, vol. 4, Cujas, Paris, 1985; Thomas Möbius, *Studien zum Rachegedanken in der deutschen Literatur des Mittelalters*, Europäische Schriften. Reihe I, Deutsche Sprache und Literatur, vol. 1395, Peter Lang, Frankfurt am Main, 1993.

9 Seulement deux attestations: *Pactus Childeberti* et *Chlotharii* I, *Capitularia Regum Francorum*, Monumenta Germaniae historica I, 3, c.12.

10 La *lex Alamannorum* dit au titre 48 *De mortuado: Si quis homo hominem, quod Alamani mortaudo dicunt, cum IX wiregeldus eum solvat et quicquid super eum arma vel rauba tullit, omnia sicut firtiva componat. De feminis autem, si ita contigerit, dupliciter eam componat.* «*Mord*» est l'un des mots les plus anciens

Saxons). *Wer* signifie «l'homme» et *geld* «l'argent». Le *wergeldus* est une somme d'argent qui ne revient pas au fisc mais à l'entourage de la personne tuée. Elle est en général très élevée, et pour la réunir la tribu était obligée de vendre beaucoup de bétail ou d'autres biens, ce qui quelquefois l'appauvrissait. Le *wergeld* constitue le prix à payer à la tribu affaiblie par la perte de l'un de ses membres. Le montant de la prestation est proportionnel au rang de la personne dans la tribu, à la position sociale de cette dernière. Le dommage représente pour la famille en premier lieu une perte immatérielle, morale qui la blesse dans son honneur. A l'origine, cette indemnité ne constituait pas l'équivalent des dommages et intérêts, puisqu'il ne s'agissait pas de rembourser une valeur matérielle. Ainsi le *wergeld* est considéré comme l'expression de la considération[11] portée à la tribu et à ses membres. L'amende à payer par ex. pour la femme libre, enceinte, était plus élevée que celle, fixée par la loi, pour l'homme de même extraction. Pour certains types de blessures ou de détérioration de membres, seule une partie du *wergeld* était prélevée. Il s'agissait, par cette amende, d'apaiser la famille lésée dans son honneur et d'empêcher ainsi, dans la mesure du possible, qu'elle n'entre dans le cercle sans fin de la vengeance. C'est ce que souligne un passage de 733 des *Leges Liutprandi*[12] (Loi des Lombards) dans lequel le *wergeld* est réclamé à un homme qui a dérobé les vêtements d'une femme au bain, afin d'éviter que l'auteur de l'action ne soit tué par les membres de la famille en question. Charlemagne, dans l'*Admonitio generalis*[13] de 789 entre autres, interdit de tuer celui qui a déclenché les hostilités sans qu'il y ait eu un jugement. Ainsi la préoccupation première des

---

de la langue des droits germaniques et désigne toujours l'homicide volontaire, caché, et s'oppose au *«Totschlag»*, simple, par ex. par imprudence.

Cf. *Handwörterbuch zur deutschen Rechtsgeschichte* (HRG), éd. par A. Erler et E. Kaufmann avec la collaboration de R. Schmidt-Wiegand, Erich Schmidt Verlag, Berlin 1964, I, colonne 1271.

12 *Leges Langobardorum*, Monumanta Germaniae historica, legum 4.

13 *Capitularia Regum Francorum*, Monumenta Germaniae historica, Cap. 22, c. 67: *et non occidatur homo, nisi lege iubente*.

autorités est de tenter d'apaiser les protagonistes, de les empêcher de se faire justice eux-mêmes.

L'amende à payer pour avoir tué une personne est aussi dénommée dans quelques Capitulaires *leudis*[14] (ou *leodis*), terme qui désigne à l'origine «l'homme». Sa signification est similaire à celle de *wergeld* en tant que somme à payer pour un meurtre commis.

Les peines d'argent sont largement attestées dans les textes étudiés. Elles sont le plus souvent désignées par des termes d'origine germanique. D'autres peines sont évoquées, mais dans une moindre fréquence.

II. Les sanctions pénales

Les peines qui ne sont pas des peines d'argent, ou sanctions pénales, se répartissent en deux groupes: celles qui sont désignées par des mots du vernaculaire et celles pour lesquelles ne sont attestés que des expressions ou termes latins.

1. Les sanctions de la terminologie germanique

1.1. Harmiscara «le port de la selle»

Le terme *harmiscara* n'est pas attesté dans les *leges*. Il apparaît pour la 1ère fois dans un capitulaire de Louis le pieux de 829 puis plusieurs dans des capitulaires de Charles le Chauve[15.] Elle n'est pas infligée, comme le *bannus* par ex. par le tribunal, mais par le souverain lui-même, selon son appréciation. C'est une peine humiliante car elle

14 *Capitularia Regum Francorum*, Monumenta Germaniae historica I, 32 (Glose); 52, c.2; 56, c.1; 91, c.10; 135, c.2; 142, c.7; 260, c.5; 278, c.2.

15 *Capitularia Regum Francorum*, Monumenta Germaniae historica II, 191, c.1; 218, c.9; 259, c. 9; 266, c.9; 270, c.4; 273, c.21; 275, c.9; 282, c.4.

oblige le malfaiteur à apparaître devant le roi avec une selle de cheval sur le dos et de tenir jusqu'à la remise de peine. Elle sanctionne des infractions graves à l'encontre de laïcs ou de membres du clergé et elle est en général appliquée à côté de l'amende. Cette peine d'honneur ne concerne que les hommes libres.

1.2. In bannus mittere «saisir les biens»

Le nom *bannus* apparaît quelquefois dans des lexies verbales comme par ex. *in bannum mittere* «saisir des biens», *in bannum permittere* ou *permanere* «confisquer des biens définitivement». La saisie de biens punit la non-comparution devant le tribunal après assignation, le fait de ne pas payer la somme due à la place du service aux armées, l'impossibilité de produire une caution ou le refus d'obéissance à l'autorité ecclésiastique. Cette peine n'est pas définitive et la personne récupère ses biens dans la mesure où elle rétablit l'ordre des choses.

La saisie des biens, si elle est totale, a des conséquences vitales pour l'individu à qui elle s'applique. Elle accompagne nécessairement la peine de bannissement qui fait l'objet du point suivant.

1.3. Bannus ou forbannus «le bannissement» – forbannire «bannir»

Le même terme *bannus* est utilisé parfois, au lieu de *forbannus* pour désigner le bannissement. Cette peine, qui implique une rigoureuse mise à l'écart de la société, est infligée pour les vols au sein de la communauté, pour le pillage des tombes et l'acte de faire disparaître la victime du meurtre qui ne pourra pas être dignement ensevelie. Si l'objet du larcin est restitué, l'individu peut réintégrer la société et renouer les liens avec son entourage.

Les membres d'un clan, élément institutionnel, vivent en paix et sont protégés contre les agressions de l'extérieur. Ainsi la personne qui n'en a pas respecté les règles et a mis en danger son équilibre en commettant des actes déshonorants à son encontre, en est bannie. Elle est ainsi mise hors la loi, elle perd ses droits, sa femme devient veuve, ses enfants orphelins, son patrimoine est mis sous séquestre. Cette peine ancienne, bien attestée aussi dans les sources nordiques, est en soi la plus lourde peine infligée. Le *wargus* rejeté hors de la communauté, et que ses proches n'ont plus le droit de nourrir, doit se retirer dans des contrées où la survie est difficile. Dans le premier capitulaire d'Aix-la-Chapelle de 809, il est question de *mezihan*[16] soit de «l'interdiction de donner des vivres» à celui à qui a été infligée cette peine[17].

Après avoir épuisé les termes germaniques désignant les sanctions pénales, nous nous tournons vers les celles qui ne sont attestées qu'en latin.

2. *Les sanctions de la terminologie latine*

L'exclusion de la société, la mise hors la loi, qui entraînait souvent une perte de la vie, nous a mis sur la voie de la peine capitale.

2.1. *La peine de mort*

Dans les catalogues des infractions ou délits possibles et de leurs sanctions respectives, que sont les *Leges* en général, la peine de mort est relativement peu évoquée, surtout dans les textes les plus anciens. Pour la désigner, il n'existe aucun terme d'origine germanique. Il est surtout question de *vitam perdere*, ou de *vita conponere*.

Dans la *Lex Burgundionum*, reprenant *la Lex Romana Burgundionum*[18] la peine de mort est bien présente. Ainsi nous lisons par ex. au ch. II, 1 *Homicidam, tam ingenuum quam servum... morte damnari*. L'intervention forte de l'autorité est ici influencée par le droit romain. Néanmoins, dans un texte plus ancien comme le Pacte de la loi Sa-

16 A. Sousa Costa (1993) (cf. note 3), pp. 120 s. Ahd *mezzi* glose lat. *dapis* et signifie «le repas, le plat». *Mat ban* (sans mutation du *t* > *z*) est le terme de l'ancien nordique. Celui qui était soumis à l'exclusion de la société a été nommé «*Werwolf*» (homme loup = loup-garou).

17 La loi des Francs ripuaires *(Lex Ribuaria)* et le Pacte de la loi salique statuent également sur l'interdiction de donner logis au banni. Dans la version *Karolina* de la loi salique, il est question de l'interdiction de lui donner du pain.

18 *Leges Burgundionum* éd. par L. R. De Salis, Monumenta Germaniae historica, Legum section 1,2,1, Hannover 1982, réimpression 1973.

lique (ch. 51,2) la peine de mort est évoquée au sujet d'un comte qui a commis un délit dans l'exercice de sa profession: *aut se redemat aut de vita componat*. Notons qu'une alternative est proposée au coupable: il a le choix entre payer la rançon, la compensation ou être condamné à mort.

Dans des *Leges* d'époque carolingienne la peine de mort est infligée pour des actes qui touchent les autorités, comme, entre autres, le complot de meurtre sur un chef d'armée, l'infidélité envers le souverain et, dans d'autres registres, le rapt de femmes, la non comparution, sans cause légitime *(sunnis legitima),* à l'assignation du juge.

L'un des actes qui attirent sur leur auteur cette lourde peine est en particulier *herisliz* «la désertion». Ce mot est attesté dans la plupart des manuscrits selon le consonantisme du vieux-haut-allemand (par ex. mutation de *t* > *z*), c'est-à-dire qu'il est relativement récent. Il n'apparaît pas dans les *Leges* mais, à côté des Capitulaires[19], dans quelques Annales ou des textes littéraires. Il faut cependant noter que la lourde peine prévue peut être commuée en peine de réclusion dans un monastère[20] (il n'est pas encore question de prisons).

Dans les lois pour la Saxe[21], édictées par Charlemagne, la peine de mort apparaît de façon massive par rapport au reste de sa législation. Elle est appliquée pour le non-respect des pratiques religieuses chrétiennes; même pour une faute qui peut paraître bénigne, telle la rupture du jeune imposé par l'Eglise. La peine de mort cependant était courante chez les Saxons avant la conquête du pays par Charlemagne. Selon Wilhelm Eduard Wilda[22], il semble qu'ils aient exigé ce type de

19 Seuls trois capitulaires de Charlemagne, rédigés à des dates rapprochées puisqu'ils sont datés de 810 et 811: *Capitularia Regum Francorum,* Monumenta Germaniae historica, I, 64, c. 13; 65, c. 14; 74, c. 4, présentent *herisliz.*

20 C'est ce qui s'est passé en 788 pour le duc Tassilo, le dernier des Agilolfinger.

21 *Leges Saxonum* éd. par K. Freiherr von Richthofen, Monumenta Germaniae historica, Legum 5, Hanovre 1875-1889.

22 *Geschichte des deutschen Strafrechts.* 1er vol. *Das Strafrecht der Germanen,* Schwetschke und Sohn, Halle, 1842, p. 101. Wilda se fonde en particulier sur le *Capitulare Saxonicum* de 797 (*Capitularia Regum Francorum,* Monumenta Germaniae historica, I, 27, c. 10).

sanction comme étant conforme à leurs usages juridiques et que l'Empereur aurait plutôt cherché à les adoucir.

Notons encore que la peine de mort s'applique également si la personne punie ne peut pas payer l'amende qui lui a été infligée pour une grave infraction.

2.2. *Les peines corporelles*

Un autre type de peine n'entre pas non plus dans le cercle des termes d'origine germanique; il s'agit des peines corporelles (pieds ou mains coupés, œil arraché etc.). Elles sont majoritairement réservées à l'esclave, quand il n'est pas demandé au maître de régler la somme demandée, ou en général à celui qui ne peut pas réunir le montant exigé pour le délit. Ainsi ces peines ne sont marquantes ni dans les capitulaires ni dans les *leges*. Elles étaient cependant plus répandues que ne le laissent imaginer nos sources. Il est néanmoins difficile de savoir si elles relevaient d'une décision du tribunal ou s'il s'agissait entre autre d'actes de vengeance émanant des grands du royaume lors de luttes partisanes[23].

Conclusion

Une collecte des passages les plus sombres des lois où il est question de meurtre, de vol sur la personne tuée en secret, ou d'autres actes violents montre que la peine infligée semble se cantonner dans la plupart des cas à l'amende, voire aux amendes. Tout en sachant toutefois que le fautif non solvable encourait la peine corporelle et, dans les cas graves, le bannissement, voire la peine capitale.

Si à l'origine l'amende avait le caractère d'une réparation de l'honneur compromis du groupe affecté par un acte réprouvé, tous ces

23 *Handbuch für Rechtsgeschichte* [HRG, voir note 10], colonne 2014.

termes montrent que la prestation remise à la personne ou à la famille lésées ou à l'autorité publique, la fiscalisation étant de plus en plus marquée, vont dans le sens d'un dédommagement. Ainsi la conception de la peine découle à l'origine d'un ordre de droit civil. Le caractère pénal de l'amende ou des autres sanctions commence seulement à se profiler pour ne devenir vraiment perceptible que vers la fin du moyen âge. Nous voyons dans la tentative d'apaiser la *faide* ou le conflit provoqué par un acte délictuel, l'établissement d'une sorte de contrat selon lequel la réparation ou la compensation arbitrée (ou non) par l'autorité mettrait fin à l'opposition entre deux parties.

Il s'agissait alors de payer une dette, contractée envers une personne, un groupe, ou l'autorité en la personne du roi. L'objectif poursuivi dans la fixation de la peine est de réagir contre les éléments perturbateurs; l'idée sous-jacente est celle de ramener la paix qui a été menacée, de rétablir l'ordre dans la société. Afin d'y parvenir, les autorités n'hésitent pas à infliger une double amende (par ex. *bannus* et *fredus* ou *faidus* et *fredus*). Les ordalies ou la lutte exigée entre les parties, quand le juge ne trouve pas de solution, ne sont pas à cette époque, des châtiments, mais une façon de désigner un coupable afin de trancher le litige, de l'évacuer, et de retrouver ainsi l'ordre préexistant.

Ainsi le terme «châtiment» n'est pas adapté pour désigner les peines, car il implique une valeur morale qui est encore absente aussi bien dans les *Leges* que dans les Capitulaires. La notion de jugement par réprobation, voire de jugement exemplaire, n'émerge pas encore. Celle de dissuasion n'est pas encore exprimée, cependant les amendes, dont le montant signifiait quelquefois la ruine de l'une famille, devaient avoir indirectement un effet dissuasif.

Ce qui étonne dans la terminologie rassemblée, c'est le fait que la peine de mort ne soit pas désignée par un terme du vernaculaire. Il semble que la société et les souverains francs, à l'origine, n'aient pas eu la nécessité de recourir directement à cette peine. Un autre type de compensation pouvait lui être préféré car elle n'avait pas encore cette fonction dissuasive qui la caractérisera plus tard.

Le bannissement, par ses conséquences, avait la même fonction, en laissant toutefois à l'individu, lorsqu'il ne s'agissait pas d'un meurtre, la possibilité par ex. de restituer l'objet volé ou d'écarter la cause du litige. Ce faisant, le conflit était désamorcé, c'était la finalité de la peine.

Dans l'Empire grandissant, le bannissement, des Saxons par ex., était peut-être plus difficile à réaliser. En outre l'Eglise[24] qui commençait à jouer un rôle sur le plan judiciaire n'était plus, à la fin de l'époque carolingienne, opposée à la peine de mort comme elle l'avait été antérieurement, plus soucieuse alors de préserver des vies humaines. C'est ce qui explique, partiellement, le durcissement qui se produira dès le haut moyen âge.

24 Claudius Freiherr von Schwerin, *Grundzüge der deutschen Rechtsgeschichte*, 4ème éd. , Duncker & Humblot, Berlin / München, 1950, pp. 96 s.

Faire régner la justice par le châtiment des méchants

André Laingui

Professeur émérite de l'Université de Paris 2

La période de l'ancien droit pénal sur laquelle porte cette communication est comprise entre le XVIème siècle et la fin de l'Ancien régime. Quant à son titre: «Faire régner la justice par le châtiment des méchants», il voudrait montrer que les textes royaux n'hésitent pas à réunir, dans leurs préambules (nous disons aujourd'hui leurs exposés des motifs), comme dans leurs dispositions, la morale, la religion et le droit, tant sur le fond que dans la forme. Les exemples en sont nombreux. Ainsi, dans le préambule de l'Ordonnance criminelle de 1670: «Cette loi, dit le roi, doit assurer le repos public et contenir par la crainte des châtiments ceux qui ne sont pas retenus par la considération de leur devoir». Autre exemple dans l'édit d'avril 1656 qui crée les hôpitaux généraux pour y recevoir en particulier les mendiants: «Le libertinage des mendiants est venu jusqu'à l'excès par un malheureux abandon à toutes sortes de crimes, qui attirent la malédiction de Dieu sur les Etats quand ils sont impunis, [...] [alors que ces mendiants] vivent dans le mépris des sacrements et dans l'habitude continuelle de toutes sortes de vices». De vices et non pas de crimes, dit le texte. A la fin du XVIIème siècle, un conseiller au Parlement de Bretagne, La Bigotière de Perchambault , intitule bizarrement un de ses développements consacré au droit criminel «Des méchants, des réparations et dédommagements».

Au siècle précédent, on aurait pu faire le même constat. Le plus célèbre criminaliste du XVIème siècle, l'Italien Julius Clarus, déclare en tête de ses développements sur l'homicide, que «de tous les êtres animés, l'homme est le seul qui soit volontairement méchant», tandis que son contemporain Menochius s'applique à résoudre le lieu commun suivant qui est presque celui de la présomption d'innocence: «Doit-on présumer l'homme bon ou méchant? *(Homo numquid praesumitur bonus vel malus)*».

Faut-il en conclure que les anciens jurisconsultes tendaient à confondre droit et morale? S'agit-il simplement d'une phraséologie insistant sur le souci qu'a le roi de combattre toutes les formes de la criminalité? Avant d'y répondre, il faut souligner que la punition des méchants n'occupe plus de nos jours une place aussi privilégiée, du moins chez les gouvernants, peut-être parce qu'ils sont guidés par un sentiment optimiste de la nature humaine bien évidemment rare dans les siècles passés, où la présence de la mort, de la maladie, des famines rendaient l'existence plus précaire et plus rude. En outre, les promesses et l'efficacité de la justice royale se heurtent, sous l'Ancien régime, aux obstacles pour ainsi dire naturels, que constituaient le désordre administratif et les privilèges, dans un royaume où, sous Louis XIV, un trentième au plus des habitants use de la langue parlée par le roi, et où aller de Paris en Languedoc exige onze jours.

De telles difficultés doivent être prises en compte pour tenter d'apprécier la politique criminelle du royaume et principalement le système des peines. Toutefois, le facteur le plus important en étant la conception que l'on a du criminel, c'est le portrait du criminel qui sera l'objet de notre premier point. Nous donnerons ensuite quelques précisions sur les finalités de la peine, destinée à mettre un terme à la carrière du délinquant ou à la redresser favorablement.

I. Le portrait du criminel

Quels traits l'ancien droit prêtait-il au criminel, ou, en d'autres termes, comment les docteurs, les magistrats, les avocats, les étudiants, se représentaient-ils «l'Homme criminel», pour utiliser l'expression si bizarre, si peu conforme à notre langue, que Lombroso a rendue courante en 1876?

A. Le fondateur de l'Ecole positiviste s'imaginait naïvement qu'avant lui, personne n'avait médité sur la nature du criminel. Il serait encore plus naïf et surtout plus fautif d'imaginer pour l'Ancien droit que tous ceux qui, par profession, se penchaient sur le sort des criminels, ne s'interrogeaient jamais sur leur personnalité, leurs penchants et ce que l'on qualifie pompeusement de «dynamique du crime». Et cela d'autant plus, si l'on considère qu'il s'agissait de jurisconsultes chrétiens, généralement soucieux de leur devoir d'état, attentifs à la confession régulière et aux sermons où il n'est question que de fautes, de crime, de culpabilité, et pour tout dire: de péché. Pour eux, le criminel était bien un pécheur, car chaque acte fautif accompli par un méchant porte la marque du péché. Mais affirmer que tout criminel est un pécheur ne signifie aucunement que le droit confondait le crime et le péché. Jamais une telle confusion ne fut admise ni par le droit laïc, ni par le droit canonique. Domat distingue avec précision dans son Droit public, les crimes qui ne relèvent que du tribunal de la pénitence et ceux qui, dit-il, «vont jusqu'à l'excès de mériter quelque supplice». Mais, ajoute-t-il, la cause des uns et des autres réside dans «les passions et les mauvaises inclinations des hommes portés au mal par une pente naturelle». De telles vues s'accordent parfaitement avec la morale et la psychologie des XVIIème-XVIIIème siècles, fondées elles-mêmes sur l'enseignement de la théologie classique. Arrêtons-nous un instant sur cette transmission au droit d'un savoir théologique.

B. Il ne faudrait pas penser que la moindre connaissance criminologique fût dispensée dans les facultés de droit, puisqu'on n'y enseignait pas même le droit pénal. Ce n'est pas non plus à la faculté de théologie qui ne reçoit que de futurs prêtres. Ce savoir provient de l'enseignement des collèges (jésuites, oratoriens ou d'Etat), tel qu'il est communiqué aux élèves de rhétorique et de philosophie (on peut être élève de cette classe durant trois années) par un professeur de philosophie presque toujours théologien. Descartes est un très bon exemple de cette continuité entre la réflexion philosophique et la théologie scolastique. Un ouvrage comme le Traité des passions de l'âme

(1649) a été ce que l'on nommerait aujourd'hui un «best seller», dont le lecteur moyen, qu'il fût magistrat ou étudiant, ou simple honnête homme, pouvait garder quelques idées claires et utiles soit à lui-même, soit à ses fonctions, par exemple que l'homme est doué de libre arbitre (ce qu'affirmait le concile de Trente), que c'est par cette liberté que nous méritons l'éloge et le blâme, donc les châtiments; que l'homme se laisse malheureusement vaincre par ses passions, et qu'il lui plaît souvent d'être vaincu par elles. On reconnaît déjà là, du point de vue pénal, des catégories devenues familières au droit moderne comme le criminel d'occasion, le criminel d'habitude (le «récidif» des théologiens), et peut-être même le criminel-né. Un tel ouvrage, de même que beaucoup d'autres, d'esprit plus religieux et axés sur la casuistique, communiquait au lecteur comme une teinte de psychologie cartésienne, analogue à la teinte de psychologie freudienne que l'on affiche aujourd'hui…

D'autres facteurs que les passions pouvaient encore, selon les théologiens, altérer l'intelligence et la volonté humaines: le tempérament, l'hérédité, les dispositions maladives du corps, la tentation diabolique. Mais les docteurs, suivant saint Thomas, n'admettaient pas l'hérédité des vices, à l'exception du péché originel, et bien difficilement l'intervention satanique, tout en reconnaissant chez le pervers, une disposition du corps qui lui fait aimer le mal. On observera que des penseurs notoires ont, au début du dernier siècle, redonné force aux théories favorables à l'hérédité criminelle.

Ce sont là, comme on voit, les causes du crime comme elles le sont du péché. Quant à la société, un Domat – suivant un courant moral des plus classiques et bien antérieur à Rousseau – ne négligeait pas son influence pernicieuse, et exigeait que l'Etat remédiât à la pauvreté et à la fainéantise, afin de faire disparaître les maux qu'elles produisaient par ses inégalités, le vol notamment. Mais, ajoutait judicieusement Domat, aucune police morale ou économique ne pourra jamais prévenir la multitude des autres crimes, car on ne peut «guérir en chacun l'ambition, l'avarice, la débauche, le libertinage, l'impiété, l'envie, les haines et les autres passions qui portent au crime ceux même qui ont des biens, et quelques-uns qui n'ont pas manqué d'éducation», sinon par l'exemple des supplices. Cette allusion à l'intimidation nous conduit à parler des finalités de la peine dans l'ancien droit pénal.

II Les finalités de la peine

Deux principes gouvernent dans l'ancien droit, le système des châtiments: la personnalité des peines et la nécessité de la rétribution. Nous ne dirons rien de la personnalité des peines, expression de la responsabilité individuelle qui, presque en tous temps et a fortiori dans le droit pénal classique de l'Ancien régime, ne frappe que l'auteur de l'infraction.

A. La nécessité de la rétribution ou, en d'autres termes, la légitimité du châtiment, fut longtemps un axiome de la morale et du droit, déjà présente dans les religions et les philosophies de l'Antiquité. Malgré l'importance du pardon dans la religion chrétienne, la rétribution des offenses et du mal y apparaît de l'essence de la justice. Selon les théologiens, la vindicte – synonyme de vengeance – est licite et vertueuse lorsqu'elle tend à punir les méchants. La vindicte publique s'exerce par l'autorité de l'Etat, car le Prince porte l'épée en tant que ministre de Dieu, dit saint Paul, pour tirer vengeance de celui qui fait le mal et le punir.

B. Le droit des châtiments reste néanmoins l'aspect le plus critiqué de l'ancien droit criminel. Il n'est pas discutable que ses châtiments n'aient été parfois excessivement rigoureux et même cruels. Cependant nous en jugeons selon nos conceptions, alors qu'un siècle d'humanisme kantien a précipité le mouvement qualifié par Ihering «d'abolition constante de la peine». Les populations des XVIème-XVIIIème siècles, non plus que les criminalistes et les magistrats, ne se montraient pas si critiques. La rigueur des peines leur paraissait le moyen le plus sûr pour terroriser les méchants. C'est dire qu'ils attendaient beaucoup de la vertu d'intimidation de la peine. Aussi, un grand nombre de châtiments tenaient-ils du spectacle, et pouvaient effrayer les faibles qui se fussent sentis attirés par le crime. La pendaison, la peine d'être roué vif, le bûcher se déroulaient en public, «en terreur du peuple et dans les lieux les plus exemplaires», disait la Coutume de Bretagne. Mais les autres peines corporelles et afflictives étaient également publiques: ainsi la fustigation, l'amende honorable, ou le pilori et le carcan, exposition publique du condamné (qui subsista à peine atténuée au-delà de l'Ancien régime) , ou encore l'une des rares mutilations à n'avoir pas disparu après le moyen âge: l'ablation du poing, accessoire à la mort pour le parricide et le sacrilège. Il en était de même encore de quelques peines infamantes, plutôt folkloriques comme celles du bigame exposé au pilori, tenant entre ses bras autant de quenouilles qu'il avait épousé de femmes, ou de la proxénète promenée par la ville sur un âne , tournée vers la croupe de l'animal. Il n'est pas inutile de rappeler ici que le philosophe Leibniz croyait en la vertu d'exemple de la peine au point de la considérer comme efficace même pour les animaux!

L'autre fonction essentielle du châtiment est l'élimination, par la mort, mais aussi par les galères et par le bannissement. Certes, il faut se garder de croire que les juridictions aient multiplié à l'excès les condamnations à la peine de mort. L'absence de statistiques criminelles presque jusqu'à la fin de l'Ancien régime oblige à n'admettre de chiffres que pour des périodes très diverses, ou de se ranger à des opinions de contemporains. Mais ce qui frappe, c'est le nombre relativement restreint de ces condamnations par rapport à ce que l'on imagine. Ainsi, Diderot estimait, pour son temps, de telles condamnations à 300 par année pour tout le royaume, ce qui ne constituait pas selon lui un chiffre excessif. Mais il serait raisonnable, d'après les calculs les plus récents, de le ramener à 150. Dans un tel système de peines, la fonction d'amendement reconnue au châtiment ne pouvait occuper qu'une place restreinte. Mais elle n'était pas ignorée, car tout jurisconsulte, tout magistrat avait dans l'esprit la distinction du droit pénal canonique entre les peines médicinales et les peines vindicatives (aujourd'hui qualifiées d'expiatoires par un excès probable de sensiblerie). Pour Domat, la correction du coupable est bien le premier des buts que l'on doit assigner aux châtiments, à la réserve, dit-il, du dernier supplice auquel on ne peut assigner que l'élimination.

Malheureusement, il n'existait pas, dans l'arsenal des peines, la peine d'emprisonnement. Or, la correction – à quelque époque que ce soit – suppose un emprisonnement organisé, que l'ancien droit pénal laïc, contrairement au droit canonique, ne concevait qu'avec difficulté, sauf sous la forme rudimentaire des galères, autrement dit des travaux forcés. Cette conception était d'ailleurs destinée à survivre dans les Codes de 1791 et de 1810, malgré les essais d'emprisonnement véritable tentés ailleurs qu'en France, dans plusieurs pays européens, à partir de 1750. Il s'agissait surtout dans ces Etats de la construction de véritables prisons, s'accompagnant d'une réflexion sur leur rôle et leur organisation . Des noms célèbres comme celui de Philippe Vilain en Flandre, des Anglais Howard et Bentham, illustrent ce mouvement, né vers 1750, et à peu près étranger à la France, au moins jusqu'à la Révolution. Ce n'est qu'au XIXème siècle que la science pénitentiaire, celle de l'emprisonnement, recevra en France un développement exceptionnel.

Un tournant dans la conception du droit pénal: Beccaria et Bentham

JEAN-PIERRE CLÉRO

Professeur à l'Université de Haute-Normandie (Rouen).
Directeur du Centre Bentham

> Le choc des vérités utiles à un grand nombre de faibles, contre cette masse d'erreurs utiles à un petit nombre d'hommes puissants, et la fermentation des passions qui s'excitent dans ce moment, font des maux infinis aux malheureux humains. (Beccaria, *Des délits et des peines*, trad. A. Morellet, Paris, an V, 1797, p. 180).

> La délicatesse de l'auteur «Beccaria» est d'une âme noble et généreuse; mais la morale humaine, dont les lois sont la base, a pour objet l'ordre public, et ne peut admettre au rang de ses vertus la fidélité des scélérats entre eux pour troubler l'ordre et violer les lois avec plus de sécurité. (Note de Diderot à propos du livre de Beccaria, in: Beccaria, *Des délits et des peines*, p. 68).

Un tournant a été pris au début du XIXe siècle qui, non seulement divise les auteurs entre eux, reléguant même les philosophes des Lumières, qui paraissent pourtant avoir fait progresser le droit pénal, à un passé révolu, mais encore qui traverse certaines œuvres, celle de Bentham présentant peut-être le cas le plus typique. Bentham est connu, pour le meilleur et pour le pire, comme le promoteur théorique et pratique du Panoptique, qui peut aisément passer pour un concentré ou un précipité de la science pénale du XVIIIe siècle; mais on sait moins qu'il a publié en 1827 cinq gros volumes, aussi passionnants et de ton aussi vif que les ouvrages qui concernaient la nouvelle prison, quoiqu'il ne soit nullement question d'elle en ceux-ci, qui ont pour titre le *Rationale of judicial evidence*[1]. On est passé, en quelques décennies,

1 Nous sommes au moins certains que l'ouvrage n'a guère été lu à la Bibliothèque Nationale, puisque, il y a quelque dix ans, il nous a fallu faire découper les

d'un régime de qualification des exactions et des peines, essentiellement tramé par la volonté de découvrir la *vérité* des faits, le *vrai* coupable et la peine qui correspond à leur détermination, à un régime très différent selon lequel la probabilité correctement déterminée suffit. La probabilité n'est pas la vérité, même s'il y a une vérité de son calcul. Sa prise en compte dans les preuves, déjà présente chez Beccaria, va graduellement conduire à une tout autre stratégie des procès et même à une conception très différente de la justice.

Il est, de ce point de vue, en ce moment crucial de changement, un livre étonnant, qui paraît un anagramme des problèmes que nous posons en ce qu'il réunit, en 1797, sous la même couverture, les auteurs les plus significatifs du tournant que nous voulons examiner. C'est la traduction de l'italien au français par l'abbé Morellet du *Traité* de Beccaria *des délits et des peines*[2]. L'encyclopédiste Morellet, selon une conception qui fait plus grand cas de la vérité que de l'auteur, se donne le droit de réorganiser le texte[3], non sans en aviser Beccaria, qui cautionne tout à fait explicitement les changements en des lettres prélevées sur un échange épistolaire entre Beccaria et Morellet et publiées en tête d'ouvrage. Cet échange se révèle du plus haut intérêt par

---

pages avant de le lire. Il est étonnant que la réflexion pénale ait pu couler à pleins bords, autour des travaux de Foucault, sans que personne ne s'avise de lire les quelques milliers de pages de cet ouvrage fondamental.

2 *Traité des délits et des peines* par Beccaria, traduit de l'italien par André Morellet: nouvelle édition corrigée; précédée d'une Correspondance de l'Auteur avec le Traducteur; accompagnée de notes de Diderot, et suivie d'une *Théorie des Lois Pénales,* par Jérémie Bentham, traduite de l'anglais par Saint-Aubin, Imprimerie du Journal d'Economie publique, de morale et de politique, Paris, an V, 1797. Désormais nous désignerons cet ouvrage par le simple nom de Morellet, suivi du numéro de la page.

3 Non pas parce qu'il est mal écrit; au contraire, lorsqu'on a affaire à un grand livre de l'humanité, le lecteur a le droit et le devoir de rectifier ses formulations pour qu'elles deviennent aussi parfaites qu'il est possible. Diderot rectifie l'ouvrage, en usant de notes, dans le même esprit de contribuer à une sorte de patrimoine de l'humanité, un peu à la façon dont il est possible de se mettre à plusieurs pour rectifier un texte de droit. «Il fallait dire ...», «l'auteur aurait dû dire ...», il voulait dire: tel est le style d'un certains nombre de remarques de Diderot (par exemple, Morellet, pp. 46, 47, 48).

les informations qu'il livre sur la façon dont Beccaria envisage son œuvre, c'est-à-dire: comme la continuation de la philosophie des Lumières appliquée aux questions pénales. Il se présente alors comme l'héritier de Montesquieu, d'Helvétius, de Buffon, comme un admirateur de «la métaphysique profonde de Hume» et de la géométrie de D'Alembert. On y apprend aussi que Beccaria s'est intéressé de si près au calcul des probabilités de son temps, qu'il est allé jusqu'à traduire l'*Analyse des jeux de hasard* de Montmort, qui fut sans doute l'un des inspirateurs de la philosophie humienne des probabilités. Mais le livre contient encore d'autres curiosités très subtiles puisque la traduction de Morellet est annotée en bas de page, en des points cruciaux, de la main de Diderot qui émet le plus souvent des réserves touchant certaines affirmations de Beccaria; Dumont ne manquera pas de remarquer, un peu plus tard, que ces notes marginales de Diderot étaient très voisines de critiques que Bentham aurait pu adresser à l'auteur de *Des délits et des peines*. Le livre de Beccaria est donc présenté, dans ses changements, avec l'adhésion de l'auteur au traducteur, mais aussi avec un appareil critique dont on doute fort qu'il ait pu recueillir tout à fait le même assentiment puisque les observations diderotiennes indiquent inexorablement les points faibles, délicats, de l'ouvrage, voire simplement les lieux de désaccord avec son auteur. Notre surprise ne s'arrête pas là, puisque Roederer, l'éditeur de l'ouvrage, publie, avec les pages dont nous venons de parler, un texte de Bentham qui est le plan d'un ouvrage sur le droit pénal[4], dont quelques passages sont déjà finement écrits, tandis que les autres paraissent en suspens pour une exploitation par un travail ultérieur. Le plus étonnant est peut-être que

4 Roederer présente ce travail comme des Tables: «Les tables de Jérémie Bentham, que nous avons imprimées à la suite, sont une précieuse esquisse d'un magnifique travail. Elles se trouvent là tout à fait à leur place, car elles paraissent avoir été rédigées peu après le *Traité des délits*. Cette esquisse, dont l'original est en anglais, et distribué en tableaux, n'a pas été imprimé, même en Angleterre» (Morellet, p. VI). Elles représentent donc, si l'on en croit Roederer, un inédit, quelque trente ans après leur rédaction. On notera, au passage, une fois de plus, l'étrangeté du jeu de l'écriture et des publications chez Bentham: voici un texte publié dans sa traduction ou dans son adaptation dans la langue française, après avoir été écrit longtemps auparavant en anglais.

l'on trouve, dans ce texte écrit par Bentham très tôt après sa lecture de Beccaria, les positions majeures qui seront développées, trente ans plus tard, dans le *Rationale*; ces positions nous paraissent beaucoup plus importantes que la cristallisation autour du trop fameux panoptique, dont il n'est question ni dans l'édition de Roederer, ni dans les cinq volumes de 1827.

Je voudrais donc mettre l'accent sur les deux grandes inflexions que reçoit le droit pénal dans la deuxième moitié du XVIIIe siècle; le tournant benthamien présuppose l'inflexion beccarienne, dont il suppose et retient une grande partie de l'œuvre, non sans abandonner quelques aspects qui, parfois, ont compté parmi les plus belles avancées de l'ouvrage *Des délits et des peines*. Bentham tient sans aucun doute Beccaria pour un des auteurs qui, dans un passé récent, ont le plus contribué à fonder l'utilitarisme; mais il s'est aussi écarté de lui en des points décisifs. Il faut dire que les temps ont changé: plus d'un demi-siècle sépare *Des délits et des peines* du *Rationale*, à une époque où le temps historique se précipite. Un certain nombre de positions de Beccaria sont devenues tellement évidentes, en particulier quand elles concernent l'adoucissement des peines, que Bentham ne cherche même plus à souligner son accord. Il ne marque pas non plus très fortement ses désaccords, encore qu'ils soient profonds. La vérité est que l'un et l'autre ne s'appliquent plus qu'en apparence à résoudre les mêmes problèmes. Il faudra risquer une hypothèse pour savoir par où Bentham est passé pour se démarquer fondamentalement de Beccaria.

I. Les accords plus tacites qu'explicites avec Beccaria

Les thèses conservées par Bentham chez Beccaria le sont plus souvent sans le dire qu'ouvertement. Bentham tient pour acquis un certain nombre de positions de Beccaria, qu'il se contente de reformuler.

1. Le premier principe par son importance est, sans nul doute, celui de la mesure du délit et de la proportionnalité des peines entre elles, mais aussi de la peine avec le délit qu'elle est censée sanctionner. Cette mesure et cette proportionnalité se fondent sur la nocivité et l'utilité sociales. Une faute peut paraître énorme au regard de la sensibilité de quelques-uns, voire du plus grand nombre, et ne présenter en réalité aucune espèce de nocivité sociale: tel est le cas des propos antireligieux et de l'homosexualité, sévèrement voire cruellement sanctionnés, jusqu'à la fin du XVIIIe siècle, comme étant absolument inadmissibles, alors que leur atteinte au bien collectif est tout aussi radicalement insignifiante. Ce d'où l'on doit partir quand il s'agit de mesurer un délit est sa nocivité réelle; non pas la seule nocivité imaginaire qu'il provoque toutefois inévitablement. Les châtiments doivent être proportionnés à la nocivité réelle. Ce qui ne signifie toutefois pas qu'il ne faille tenir aucun compte de la nécessité d'apaiser les inquiétudes, fussent-elles seulement imaginaires, de la population.

La mise en place de ce double principe implique la mise en œuvre du *principe de bonheur*, que, longuement mais non sans se repentir de l'avoir fait[5], Bentham désignera du vocable de *principe d'utilité*. Bentham rendra hommage à Beccaria d'avoir été, sinon le premier, du moins l'un des premiers, à parler du «plus grand bonheur pour le plus grand nombre»[6] et à rendre ce principe opérant dans sa considération du droit pénal. Il ne peut être opérant, sur le terrain qui nous occupe, que si l'on parvient à définir une commensurabilité entre les délits, d'une part, entre les peines d'autre part, entre les délits et les peines

5 A cause des équivoques qu'il a fait naître par là.

6 Il le fait parfois avec quelque hésitation entre Beccaria et Priestley. Le grand article sur l'utilitarisme cite Priestley, là où on aurait pu attendre Beccaria. Voir: «Article on utilitarianism: long version, marginals», in: *Deontology together with a Table of the Springs of Action and Article on Utilitarianism*, Amnon Goldworth, Clarendon Press, Oxford, 1983, p. 291. Même hésitation en Bowring, X, 146; en revanche il est affirmatif dans les *Logical Arrangements*, et il donne alors l'avantage à Beccaria: Bowring, III, (W. Tait, Edimbourg, 1843, 286-287).

enfin[7]. Il est clair que la commensurabilité fait apparaître l'échange des délits et des peines comme une espèce de marché, où chacun a, en quelque sorte, son prix: la «valeur [qui s'échange] s'exprime en général en argent, en la représentant comme égale à tant d'argent, c'est-à-dire comme égale à la quantité de plaisir qu'on aurait pour tant d'argent, ou comme la quantité de peine dont un homme voudrait se racheter pour tant d'argent[8]. L'argent est divisible, en parties susceptibles d'être comptées; le plaisir et la peine ne le sont pas d'eux-mêmes» (p. 189). On comprend que le principe de commensurabilité des peines pousse inévitablement l'utilitarisme benthamien vers la promotion presque exclusive de la prison, dans laquelle le séjour peut se débiter en autant d'unités temporelles que l'on veut, et, peut-être, vers des peines substitutives qui viseraient à indemniser les victimes. Ces considérations, très compréhensibles *in abstracto* et qui, sur le papier, paraissent justes, perdent une grande partie de leur évidence dans la réalité[9]; mais ce n'est pas cette voie qu'il s'agit d'emprunter pour l'heure.

L'exposé de ce premier principe nous incite à nous en tenir à deux remarques. La *première* tient au complet renversement de la hiérarchie des délits et des peines qu'il enferme; il est à peu près comparable, en mathématiques, au renversement radical du simple et du complexe que l'*analysis situs* de Leibniz a pu faire subir au classement ordinaire des êtres géométriques selon Euclide ou Descartes. La seconde remarque est plus subtile et traduit une fine complicité entre Beccaria et Bentham. Certes, l'un comme l'autre demande que l'on tienne compte de la réalité de l'offense pour la lier à une peine; mais le paradoxe est que

7 Ces divers aspects de la commensurabilité sont traités au chapitre XIV du Liv. II de la *Théorie des peines criminelles* de Bentham qui suit la traduction de Morellet.

8 On remarquera que la structure du délit et de son rachat est celle du calcul pascalien des partis dans lequel il s'agit de savoir à quel prix on rachèterait une place au jeu.

9 Nous nous sommes faits l'écho de ces critiques dans la postface que nous avons rédigée pour l'ouvrage d'A. Brunon-Ernst, *Le panoptique des pauvres*, Presses Sorbonne nouvelle, Paris, 2007.

cette prise en compte du réel ne peut s'effectuer qu'en déployant des instruments symboliques: deux délits n'apparaissent jamais comme égaux sauf si l'on introduit un tiers symbolique qui nous les fait apparaître tels. De même, pour que des punitions apparaissent plus grandes, moins grandes ou égales, et aient un effet réel sur le public, il faut essentiellement régler des apparences par des moyens symboliques; il est inutile qu'elles *soient* plus grandes, plus petites ou égales. La véritable utilité, la véritable réalité tiennent dans les apparences de l'utilité et de la réalité. Venant de parler de la nécessité de graduer réellement les peines, Bentham souligne que «les mots *moindre* et *plus grande* doivent être entendus relativement à la valeur apparente». Le cheminement par l'apparence est absolument nécessaire au réel, à l'effet réel; l'idéal étant d'obtenir le maximum d'effet réel en diminuant la souffrance réelle et en augmentant au contraire la souffrance apparente[10]. Nous trouvons ici un élément essentiel de la théorie des fictions sans laquelle on ne saurait faire un pas dans la théorie de la peine. Il s'agit d'avoir un impact réel en manipulant les valeurs apparentes, lesquelles se rapportent à la personne tentée de commettre l'offense.

2. Cela implique un deuxième ordre de considérations qu'il eût sans doute été préférable de placer *ontologiquement* en premier lieu. L'art de la peine consiste à impressionner symboliquement, sans révolter la sensibilité commune, c'est-à-dire sans que l'opinion publique ne se retourne contre le droit et la force publique, à cause d'un supplice odieux infligé à un présumé coupable. L'art de la peine est un art du langage; il parle au délinquant et, à travers lui, à celui qui serait tenté de le devenir, à l'opinion publique enfin; pour qu'il remplisse sa fonction, il lui faut donc atteindre un équilibre, lequel requiert de la finesse. Bentham et Beccaria s'accordent sur ce point: le sens de la peine n'est plus de réprimer férocement l'exaction, sans se soucier de

10 Beccaria le disait à sa façon: «Parmi les peines, on doit employer celles qui, étant proportionnées aux crimes, feront l'impression la plus efficace sur l'esprit des hommes et, en même temps, la moins cruelle sur le corps du criminel» (Morellet, p. 71).

la réelle gravité de la faute, voire de la certitude de s'être bien assuré du coupable. Il ne s'agit plus d'impressionner par l'horreur des supplices ou par la lourdeur de la peine; le public se cabre alors intimement contre l'institution judiciaire et lui garde rancune de la brutalité par laquelle elle se déshonore; il s'agit, de plus en plus, de dire le droit et de le faire respecter à l'occasion même de l'exaction, à travers le récit de celle-ci et, si possible, à travers la personne et le corps du délinquant. Les hurlements du délinquant présumé, devenu victime réelle sous les coups du bourreau, ne permettent nullement d'aboutir à ce but; ils ne font même que nous en détourner. Le but de la justice est devenu de transformer en signifiants, adressés à l'opinion publique, l'acte de délinquance, le corps du délinquant, dont on s'est assuré pour redire et réinstaller la loi. Foucault qui, sur ce point, marchait sur les brisées de Nietzsche, a fait de ce thème l'un des fils conducteurs de *Surveiller et punir*; c'est de cette filiation qu'il s'agit chez Beccaria et chez Bentham. Derrière la demande d'adoucissement des peines qui semble correspondre à une doléance liée à la sensibilité de l'époque se joue en réalité l'idée, mieux dégagée par Bentham que par Beccaria, du châtiment comme langage tenu à travers le délinquant et sa victime, à l'opinion publique. L'art de la peine consiste à faire jouer les passions et la sympathie, avec toutes leurs *fallacies*, avec toutes leurs tromperies, au profit du droit et non pas contre lui. Un certain nombre d'auteurs nous ont appris, au XVIIIe siècle, à comprendre les passions et la sympathie comme un certain type de langage; l'art du châtiment consiste à inverser ces analyses pour en user pratiquement; et c'est bien un discours, une sorte de dialogue aux effets émotionnels, qui est tenu entre le pouvoir judiciaire et l'opinion publique. Bentham fait apparaître comme une simple conséquence le discours des passions que Beccaria estimait pouvoir poser en principe.

3. Mais, avant de présenter quelques aspects de ce langage souterrain dont Bentham montre les calculs, il nous faut dire quelques mots de la peine de mort que Beccaria pense, peut-être mieux que d'autres, selon

cette logique du sentiment[11]. Ce qui équivaut à l'exclure, bien entendu, puisqu'elle apparaît à Beccaria comme la plus cruelle de toutes; et la plus nocive puisqu'elle élimine celui qui aurait pu être encore, moyennant quelques aménagements, une source de bénéfices pour la société. Beccaria ajoute à ces arguments quelques considérations contractualistes, moins convaincantes encore, aux yeux de Diderot et de Bentham, que les précédents[12].

4. Le mode de discussion instauré par Beccaria à partir du *principe de félicité* est celui-là même auquel Bentham aura constamment recours dans le détail de l'argumentation du discours du châtiment: la pesée probabiliste, dont le *Rationale* a montré l'enracinement symbolique. On peut prendre l'exemple de *la question*, c'est-à-dire de la torture à laquelle on soumettait le présumé coupable pour qu'il avoue le crime qu'il était censé avoir commis ou pour qu'il livre ses éventuels complices. Beccaria fait ressortir que la *question* produit systématiquement l'effet contraire à celui qui est recherché, puisqu'il est plus à l'avantage du «véritable» coupable que de l'innocent, lequel, sous l'effet de l'intense souffrance présente et à venir, préfère s'accuser à tort pour la faire immédiatement cesser, quitte à en subir une pire par la suite lors de l'administration du véritable châtiment; le véritable coupable, lui, a intérêt à subir victorieusement l'épreuve de la question puisqu'il sait que ce qu'il va légitimement subir s'il avoue est pire que ce qu'il subit présentement[13]. Cette méthode de pesée inaugure celle

11 «La peine de mort infligée au criminel n'est, pour la plus grande partie des hommes, qu'un spectacle et un objet de compassion et d'indignation. Ces deux sentiments occupent l'âme des spectateurs bien plus que la terreur salutaire que la loi prétend inspirer» (Morellet, p. 80).

12 Sans être forcément partisans de la peine de mort, Diderot et Bentham contestent l'argumentation mise en œuvre contre elle par Beccaria; ils n'admettent pas le fondement contractualiste conçu à la façon de Hobbes des arguments abolitionnistes; ils n'admettent pas qu'elle ne soit pas dissuasive; ils n'admettent pas non plus qu'elle soit plus féroce qu'un enfermement de longue durée ou à perpétuité, par exemple.

13 «L'un [l'innocent] et l'autre [le coupable] étant appliqués à la torture, le premier a toutes les combinaisons contre lui: en effet, s'il avoue le crime qu'il n'a pas

que Bentham va désormais généralement utiliser et préconiser constamment dans ses travaux sur le droit pénal. Sans doute, la punition doit-elle être, tout en tenant compte de la probabilité que l'on mette la main sur le coupable[14], juste un peu plus grande que l'avantage qui pourrait être tiré de l'exaction; il faut que le choix de l'exaction soit exactement dissuadé par la composition de la punition et de la probabilité d'être puni[15]. Le dialogue probabiliste entre le pouvoir judiciaire et l'opinion publique est aussi sensible, comme on pouvait s'y attendre, sur le mode du calcul des partis, qui relève de ce qu'on appellerait aujourd'hui *la théorie des jeux*. Ainsi convient-il, pour que la loi soit efficace, que, «dans le cas où la punition, d'abord désignée, n'a

---

commis, il est condamné; s'il est déclaré innocent, il a souffert une peine qu'il ne méritait pas. Le coupable, au contraire, a un cas en sa faveur puisque, s'il résiste aux tourments avec fermeté, il est absous: il a gagné au change en subissant une peine plus légère que celle dont il était menacé. Ainsi l'innocent ne peut que perdre et le criminel peut gagner» (Morellet, p. 51).

14 Ce point avait été quelque peu sous-estimé par Beccaria, comme le souligne Diderot. Beccaria dit en effet: «Pour qu'une peine produise son effet, il suffit que le mal qu'elle cause surpasse le bien qui revient au crime, en faisant même entrer dans le calcul l'excès du mal sur le bien, la certitude de la punition et la perte des avantages que le crime produirait. Toute sévérité qui passe ces limites est inutile et par conséquent tyrannique» (Morellet, p. 73). Diderot rétorque: «C'est au contraire l'*incertitude de la punition* qu'il faut faire entrer dans le calcul et rendre la peine d'autant plus effrayante qu'il y a plus de possibilité de s'y soustraire, comme dans les crimes d'incendie et de poison, qu'il est facile de cacher, et dont on espère avec vraisemblance de pouvoir éviter la peine» (Morellet, p. 73). Cette dernière critique est facile dans la mesure où Beccaria est suffisamment informé des probabilités pour entendre par *certitude*, non pas une *certitude entière* mais éventuellement une *fraction de certitude*, comme le font la plupart des auteurs des doctrines des chances du temps.

15 Bentham le dit dans le langage du maximum et du minimum: «La quantité de la punition ne doit pas être moindre que ce qui suffit pour que la punition excède le bénéfice de l'offense». Mais il ne sert à rien non plus de la rendre trop cruelle, car elle deviendrait socialement contreproductive: «Elle ne doit pas être plus grande que ce qui suffit pour que la punition excède le bénéfice de l'offense, en y ajoutant ce qui est nécessaire pour la rendre plus grande que la punition de toute autre offense qu'un homme pourrait commettre s'il avait le choix entre les deux». Ces deux formulations condensent ce qui est développé selon treize règles dans les *Principles of Penal Law*, Liv. I, Part. II, chap. VI.

pas eu lieu, elle désigne une punition subsidiaire, qu'on peut regarder comme servant d'appui à la première»[16].

Non sans quelque injustice pour J. Bernoulli et quelques autres, Bentham rend hommage à Beccaria d'avoir été le premier à introduire la précision, la clarté et le caractère incontestable du calcul mathématique dans les questions morales[17]; il faut toutefois, dès à présent, noter une différence considérable entre Bentham, d'une part, et Beccaria ainsi que ses devanciers, d'autre part: les probabilités sont encore calculées chez l'Italien du point de vue de quelqu'un qui voudrait connaître la «vérité» et qui imagine que quelqu'un la connaît. Fût-ce Dieu lui-même: on ne compte pas les traités de probabilités qui commencent par invoquer la haute figure de Dieu aux yeux de laquelle les notions de *probabilité* et de son *calcul* n'ont aucun sens[18]. Or c'est bien cette vérité, qu'elle soit transcendante ou divine, qui manque le plus dans les affaires pénales où il faut trancher, rendre un verdict (sans avoir le droit de ne pas en rendre[19]), alors qu'on ne sait pas et ne saura jamais la culpabilité en soi de quelqu'un. Comment évaluer rationnellement ce qu'on ne peut, la plupart du temps, pas savoir? Même les cas où la certitude se rapproche du savoir ne laissent pas d'être dangereux, car il est des hommes si impressionnables qu'ils s'accusent de fautes qu'ils n'ont pas commises.

16 On trouve ici la logique du plan de rechange qui, dans le calcul des partis, a lieu lorsqu'on interrompt prématurément le jeu qui aurait dû se dérouler jusqu'à son terme. On trouve aussi, dans la même logique, que c'est le législateur ou celui qui défend les intérêts de la loi qui a été violée qui prend l'initiative de la prosopopée, si l'on ose dire.

17 Bowring, III, 286-287: «It was from Beccaria's little treatise on crimes and punishments that I drew, as I well remember, the first hint of this principle, by which the precision and clearness and incontestableness of mathematical calculation are introduced for the first time into the field of morals –a field to which in its own nature they are applicable with a propriety no less incontestable, and when once brought to view, manifest, than that of physics, included its most elevated quarter, the field of mathematics».

18 C'est le cas de l'*Ars conjectandi*, dont la IVe partie commence par une déclaration de ce style.

19 En étant embarqué, comme le juge dans un jugement.

Le point de rupture avec les Lumières, qui tient dans le changement de statut des probabilités, est sans doute le plus important, comme nous allons le montrer bientôt; mais il n'est pas le seul et Diderot a pointé un certain nombre d'endroits sur lesquels on peut contester Beccaria. Examinons-les.

II. Les points de désaccord avec Beccaria

Nous avons déjà esquissé les contours de la critique que Diderot fait de *Des délits et des peines* et largement laissé entendre que Bentham la reprenait globalement à son compte. C'est du moins en ces termes que Dumont, l'épistolier traducteur-adaptateur des textes de Bentham en français, souligne cet accord: «J'ai vu cette nouvelle édition des *Délits et des peines* où Roederer avait joint les notes de Diderot (dans lesquelles j'ai vu avec étonnement qu'il vous avait deviné ‹entendez: précédé› sur deux ou trois objets essentiels où vous différez de Beccaria»[20]. Regardons sur quels points Bentham a été devancé dans ses critiques, toujours en nous en tenant aux principes et allons jusqu'au point où Bentham se trouve en désaccord avec Diderot lui-même.

Sans être un fervent partisan de la peine de mort, ni un adepte de la cruauté des modes d'interrogatoire[21], Diderot conteste la qualité de l'argumentation de style utilitariste à laquelle Beccaria a eu recours dans certains chapitres des *Délits et des peines*. Ainsi Beccaria pense que, lorsqu'on punit de mort un condamné, on excède le degré d'intensité de la peine qui suffit pour éloigner les hommes du crime. Le prix que l'on ferait payer au condamné serait, selon lui, trop élevé

20 *The Correspondence of Jeremy Bentham*, vol. 6 (janv. 1798 – déc. 1801), éd. J. R. Dinwiddy, Clarendon Press, Oxford, general editor: Fr. Rosen, p. 459. Dumont ne donne pas plus de précisions sur les points d'accord entre Bentham et Diderot.

21 Il n'est «pas moins de l'avis de l'auteur sur l'inutile atrocité des peines. Je combats ses raisons et non pas ses principes» (Morellet, p. 73).

et déclencherait, chez le témoin d'une telle peine, une compassion et une indignation, qui l'emporteraient sur «la terreur salutaire que la loi prétend inspirer». Cet argument est contesté par Diderot et par Bentham, qui ne trouvent pas tant de férocité à un châtiment que l'on peut rendre bref et efficace. Il est des considérations juridiques beaucoup plus graves contre la peine de mort que sa férocité et l'invocation de la souffrance de celui qui la subit; en particulier, l'impossibilité de revenir et de réparer une peine qui aurait été injustement décidée au vu d'un dossier incomplet et postérieurement révisé. Ce sont plutôt des arguments de ce type que retiendra Bentham contre la peine de mort.

Plus généralement, que la justice fasse souffrir même parfois injustement ne fait pas reculer Diderot qui défend quelque avantage de la *question*. Pour qu'un calcul de plaisirs et de peines soit efficace, il faut faire jouer les points de vue. Diderot n'hésite pas à le faire en de multiples sens. «Pensez, dit-il, pesant les avantages de torturer un scélérat, que quelques minutes de tourments dans un scélérat peuvent sauver la vie à cent innocents que vont égorger ses complices et la question vous paraîtra un acte d'humanité» (p. 55). Apparaît alors ici la fragilité d'une argumentation qui ne prend en compte qu'une sensibilité unilatérale. Faisant jouer le point de vue temporel, Diderot tente de renverser l'horreur de la *question* en la défendant paradoxalement et non sans quelque mépris ou négligence de la présomption d'innocence, qui est la considération essentielle de Beccaria sur ce mode d'interrogation[22]: «Tout le monde déteste la question avant la conviction du crime, mais, dans un criminel, ce tourment de plus est nécessaire pour lui arracher, outre l'aveu de ses complices et le moyen de les saisir, l'indication des preuves nécessaires pour le convaincre» (p. 54). Diderot demande – et, en cela, il ouvre la voie à Bentham –, qu'on élargisse la pesée sans la restreindre à une balance dont les

22 Prenons garde que Beccaria justifie la présomption d'innocence moins par les droits de l'homme que par un argument utilitariste: «S'il est vrai, comme on n'en peut douter, que, parmi les hommes, le plus grand nombre est de ceux qui respectent les lois par crainte ou par vertu, le risque de tourmenter un innocent est continuel, parce qu'il est plus probable, toutes choses égales d'ailleurs, que l'accusé les a plutôt respectées que violées» (Morellet, p. 46).

principes sont biaisés et ne sont, à coup sûr, pas ceux d'un calcul ouvert des plaisirs et des douleurs. Le calcul n'est introduit que pour vérifier une hypothèse qui trouve plutôt ses racines dans les droits de l'homme ou quelque autre principe abstrait. Or l'idée du calcul utilitariste est de peser, par une sorte de gigantesque mobile de Calder, un fait total. Si l'on taille à l'avance ce qu'on a à peser dans le fait total, on fausse bien entendu la balance. Le «pré-découpage» auquel se livre Beccaria compromet son usage du principe de bonheur qu'il affiche pourtant au début de son ouvrage. Ici, ce que Diderot met dans la balance, c'est l'avantage que l'on peut tirer de la question par rapport aux scrupules qu'elle ne laisse pas d'occasionner avant d'avoir livré tous ses résultats. La présomption que quelqu'un ait commis un crime équilibre à ses yeux la présomption qu'il soit innocent et dont il ne fait nullement un principe dominant[23].

Peut-être Dumont voit-il, sur ce dernier point, un rapprochement de Diderot et de Bentham; or il n'est pas sûr qu'il ait raison. Certes, l'affinité de méthode entre eux est incontestable, mais l'usage de la *question* relève d'une conception de la justice que Bentham ne partage plus avec les Lumières. Il n'est pas évident que la finalité de la justice soit de s'emparer, par tous les moyens, y compris les plus cruels, d'une vérité à l'abri et encapsulée dans la tête du justiciable. S'il est une vérité dont il faut chercher à s'emparer par tous les moyens, alors la *question* est bien fondée; et il faut passer outre la sentimentalité de la douceur des peines. Mais le désaccord avec Diderot tient précisément à l'erreur que celui-ci commet de croire qu'il existe une vérité cachée dont il faudrait chercher à s'emparer. Cette croyance étant récusée par principe, la question perd tout intérêt. C'est moins par douceur qu'il faut renoncer à la question que par une tout autre approche de la conception de la vérité et de la culpabilité – qui n'est plus une vérité recelée et qu'il s'agirait de révéler par effraction.

23 Diderot commet l'erreur grossière de traiter la question «comme une autre peine» (p. 54), ce qu'elle n'est évidemment pas puisqu'elle est destinée à établir la vérité et l'inculpation. Les moyens de l'enquête ne sont plus qu'une punition à rebours. Le dialogue avec Beccaria n'est plus, sur ce point, qu'un dialogue de sourds, dans lequel Beccaria a bien évidemment l'avantage.

L'utilitarisme de Bentham est très différent de celui que Dumont attribue, dans cette affaire, à Diderot.

Mais avant de nous lancer dans ce désaccord qui laisse Diderot – malgré toute son habileté dans les questions de probabilité – du côté des positions classiques, tandis que Bentham pense la justice moderne, il nous faut repérer un dernier point d'accord entre eux, encore que Diderot reste plutôt directement silencieux sur le sujet: je veux parler de leur hostilité à la conception contractualiste que Beccaria développe de la peine. Même s'il n'affronte pas directement les passages où Beccaria affiche un contractualisme délibéré et fondamental, on voit suffisamment, à sa discussion de la question, son anticontractualisme.

On lit chez Beccaria, au début des *Délits et des peines*: «Il n'appartient qu'aux lois seules de décerner la peine des crimes, et le droit de faire les lois pénales ne peut résider que dans le législateur qui représente toute la société unie par le contrat» (pp. 10-11). Périodiquement et jusqu'à la fin de l'ouvrage, il reprendra le même thème[24]. Le

24 «On doit supposer, dit-il (Morellet, pp. 126-127), que les hommes, en renonçant à leur despotisme naturel, ont dit entre eux: Celui qui sera le plus industrieux ou le plus heureux obtiendra les plus grands honneurs et sa gloire passera aux descendants. Mais qu'il ne craigne pas moins que les autres de violer les conditions auxquelles il a été élevé au-dessus de ses concitoyens. Il est vrai qu'il n'y a point eu de diète générale du genre humain où l'on ait fait un semblable décret; mais il existe dans les rapports immuables des choses». Ainsi, son contrat n'est pas éloigné du contrat du riche du *Discours sur l'inégalité entre les hommes* de Rousseau, puisqu'il est installé pour fonder les inégalités. Les hommes s'entendent sur les inégalités qui sont acceptables. On trouve toutefois, chez Beccaria, une attaque contre la propriété privée dans laquelle il voit la raison profonde des inégalités et, par suite, celle d'un grand nombre d'exactions. Cette attaque n'a eu l'heur de plaire ni à Diderot, ni à Bentham, qui s'insurge contre Beccaria avec la même fougue que contre les Montagnards. Cf. Bowring, I, 309: «It is surprising that so judicious a writer as Beccaria should have inserted, in a work dictated by the sound philosophy, a doubt subversive of the social order. *The right of property*, says he, *is a terrible right, and may not perhaps be necessary*. Upon this right, tyrannical and sanguinary laws have been founded. It has been most frightfully abused; but the right itself presents only ideas of pleasure, of abundance and of security». Et Bentham d'entonner sa défense: «It is this

contractualisme est un mode d'argumentation opérant chez lui; c'est par son moyen qu'il disqualifie la peine de mort, reprenant à son compte un argument que l'on trouve chez Hobbes plutôt que chez Rousseau par exemple[25]. Or c'est le contractualisme qui n'est plus

right which has overcome the rational aversion to labour – which has bestowed on man the empire of the earth – which has lead nations to give up their wandering habits – which has created a love of country and of posterity. To enjoy quickly – to enjoy without punishment, -this is the universal desire of man; this is the desire which is terrible, since it arms all those who possess no thing, against those who possess anything. But the law which restrains this desire is the most splendid triumph of humanity over itself».

25 Il est étrange d'ailleurs de voir un argument de style hobbesien se combiner avec une conception, somme toute, rousseauiste du contrat, comme elle apparaît dans la note de la p. 13 (Morellet). Voici l'intrusion hobbesienne: «Quel peut être ce *droit* que les hommes se donnent d'égorger leur semblable? Ce n'est certainement pas celui sur lequel sont fondées la souveraineté et les lois. Les lois ne sont que la somme des portions de liberté de chaque particulier, les plus petites que chacun ait pu céder. Elles représentent la volonté générale qui est l'assemblage de toutes les volontés particulières. Or qui a jamais voulu donner aux autres hommes le droit de lui ôter la vie? Comment, dans les plus petits sacrifices de la liberté de chacun, peut se trouver compris celui de la vie, le plus grand de tous les biens? Et si cela était, comment concilier ce principe avec cette autre maxime, que l'homme n'a pas le droit de se tuer lui-même, puisqu'il a dû l'avoir, s'il a pu le donner à d'autres ou à la société? La peine de mort n'est donc autorisée par aucun droit. Elle ne peut être qu'une guerre de la nation contre un citoyen dont on regarde la destruction comme utile et nécessaire à la conservation de la société» (Morellet, pp. 76-77). Diderot le corrigera, sur ce point, d'abord dans un style contractualiste: «C'est parce que la vie est le plus grand des biens que chacun a consenti que la société eût le droit de l'ôter à celui qui l'ôterait aux autres» (Morellet, note des pp. 76-77). Mais c'est l'argument de style utilitariste utilisé par Beccaria qui décide Diderot contre la peine de mort. Lorsque Beccaria dit: «L'intensité de la peine d'un esclavage perpétuel a tout ce qu'il faut pour détourner du crime l'esprit le plus déterminé, aussi bien que la peine de mort» (Morellet, p. 81), Diderot ajoute une note: «Je pense de même, et il n'est pas possible de n'être point frappé des raisons que l'auteur en donne. Mais j'observe qu'il renonce, et avec raison, à son principe de douceur et d'humanité envers le criminel. *Dans les chaînes, sous les coups, dans une cage de fer, le désespoir ne termine pas ses maux, mais il les commence*: ce tableau est plus effrayant que celui de la roue, et le supplice qu'il présente est en effet plus cruel que la plus cruelle mort. Mais parce qu'il *donne des exemples fré-*

admissible aux yeux de Bentham, selon une argumentation qu'avait détaillée Hume et sur laquelle nous ne souhaitons pas revenir[26], mais aussi pour une raison centrale qui permet de comprendre, du même coup, sa mise en question de la notion de «vérité»: la critique de la notion de «loi», tant dans son usage physique que dans son usage juridique. Dans l'un comme dans l'autre usage, la faute est la même: l'illusion, chère aux classiques, de l'extension pléthorique aux cas qu'elle prétend couvrir et prendre en compte.

N'oublions jamais que Beccaria dit que, pour écrire *Des délits et des peines*, il doit autant à Machiavel et Gianonne qu'à Galilée[27], l'inventeur de la loi classique, celle qui prétend résoudre une infinité de cas au moyen d'une seule formule, éventuellement indéfiniment corrigée. Cette réduction à une même loi d'une infinité de cas physiques passés, présents et à venir, prétendument semblables, est fantasmatique et, si elle s'imagine fonder le savoir, elle ne relève elle-même en tout cas d'aucun savoir; il en va de même dans une conception du droit où la règle s'élève à un tel niveau de généralité qu'elle perd tout contact avec la réalité sociale ou ne se le donne qu'en faisant violence à celle-ci. L'être fictif à partir duquel tous les phénomènes de l'univers s'organisent selon des lois, et les lois entre elles, selon l'idéal classique (qui sera encore formulé par Laplace) trouve évidemment sa réplique dans la conception classique de la loi juridique qui veut déborder tous les cas particuliers et s'articuler avec des lois comparables pour ne plus dériver que d'une simple formule contractuelle. C'est très exactement la conception de la loi que récuse Bentham, qui condamne, avec elle, les thèses prétendument généralistes ou universalistes que l'on trouve dans les droits de l'homme et les

---

quents et durables, son efficacité le rend préférable au dernier supplice, qui ne dure qu'un instant, et sur lequel les criminels déterminés prennent trop souvent leur parti. Voilà, selon moi, la bonne raison pour préférer à l'homicide un long et douloureux esclavage» (Morellet, note des pp. 81-82). Même idée à la fin de la note de la p. 88 (Morellet).

26 Nous avons largement développé ce point dans notre Introduction au *Fragment sur le gouvernement* et au *Manuel des sophismes politiques*.

27 Morellet, p. XLIII.

positions contractualistes de diverses acceptions. Les exagérations pléthoriques de la loi classique sont aussi sensibles et aussi fallacieuses en philosophie naturelle qu'en droit[28]. On ne saurait mieux

28 On lit, dans le vol. III du *Rationale of Judicial Evidence specially applied to English Practice* (5 vol., Hunt et Clarke, Londres, 1827, p. 279), la critique suivante de l'idée de loi: «L'expression *loi de la nature* est figurative, métaphorique: c'est une métaphore prélevée sur l'usage qui est donné au même terme de *loi* dans le cas de la loi politique: c'est à cette source par conséquent que nous devons recourir pour l'expliquer.
Quand une loi politique, expression d'un acte de la volonté humaine, est promulguée, cette loi qui émane de l'autorité reconnue, soutenue par les sanctions ordinaires, il en résulte la conséquence coutumière et manifeste: un degré correspondant de conformité dans les actions humaines, dans la conduite d'individus tels qu'ils sont soumis à la loi; et (les actions humaines étant des événements), une loi, une loi politique est ainsi une cause de conformité entre les événements.
Pour ce qui est des événements de la nature physique, le grand et constant objet de curiosité et d'enquête est celui qui concerne la cause; et, sur un sujet aussi intéressant, quand les hommes ne peuvent parvenir aux faits, plutôt que de ne rien avoir, ils sont désireux de s'accrocher et de s'en tenir à des mots. Entre tel et tel groupes de faits, on observe une certaine conformité; la question devient alors: quelle est la cause de cette conformité? La cause de cette conformité? En aucune façon: la conformité n'est rien en elle-même; elle n'est rien d'autre qu'un mot qui exprime l'état dans lequel se trouvent nos esprits qui contemplent ces faits. Il y a des faits; ils existent; mais la conformité, prise pour un fait distinct des faits eux-mêmes, n'a pas d'existence.
Comme tant d'autres vérités, celle-ci, n'étant rien de plus qu'un aveu d'ignorance, d'une ignorance invincible, ne satisfait pas l'esprit humain. On ne peut rien avoir en cette occasion que des mots – des mots, représentants falsifiés des faits; plutôt que de ne rien avoir, ce sont eux que les hommes sont déterminés à posséder. La conformité étant (comme tout autre fait, réel ou supposé) susceptible de la dénomination d'un effet, c'est la preuve de l'existence d'une cause. Quel nom, dès lors, doit-on donner à cette cause? Quel nom? Quel mot? Car quand les hommes sont en possession de mots, ils sont en possession de ce avec quoi ils se contentent (en cette occasion comme dans tant d'autres) de se payer eux-mêmes. Quelle cause? Une loi de la nature. Voici des événements; ces événements sont conformes à un autre; nous avons ici une conformité entre des événements. Mais, pour cette sorte de chose qui est une cause de conformité parmi les événements, nous avons déjà un nom connu; c'est une *loi*. L'espèce d'événements dont nous sommes en train de chercher la cause, ne consiste pas

comparer le déterminisme dans ses diverses formules, de Bernoulli à Laplace, qu'aux divers types de contrats par lesquels on a voulu représenter la politique. Bien entendu, de part et d'autre, il a fallu compliquer la loi au point de la brouiller et de se demander s'il y avait encore un sens à la poser. On a toutefois préféré se livrer à la complication comme s'il y avait une loi simple que l'on pouvait compliquer toujours plutôt qu'abandonner cette prétendue simplicité. De même que la probabilité, à l'âge classique, n'affecte que la conception des lois ou n'est qu'un indice de loi, sans être jamais interne à la loi ou constitutive de la loi, de même n'est-elle qu'un indice de vérité chez Jacob Bernoulli comme chez Beccaria. Or le point de vue du *Rationale* de Bentham est absolument différent: la probabilité n'est plus l'indice d'une vérité dont on voudrait qu'elle éclatât, pleine et entière, autrement; Bentham part du principe qu'on ne dépassera jamais la probabilité dans les affaires pénales; qu'elle en est désormais l'orée ou l'horizon indépassable. Diderot partageait encore avec Beccaria le rêve de faire éclater la vérité[29]: Bentham ne fait plus ce rêve; ce qui donne aux affaires pénales un style qui n'a plus grand-chose à voir avec celui qu'elles revêtaient jusqu'au XVIIIe siècle, même sous la plume de Beccaria. Examinons ce changement, sous l'angle de la vérité.

---

en actions humaines, mais en événements naturels. La loi prise dans le dernier sens doit par conséquent avoir quelque chose qui permette de la distinguer de la loi prise dans le premier sens. Dans le premier sens, on l'appelle loi tout simplement, sans autre complément; pour distinguer le second sens, donnons-lui le nom de loi en lui adjoignant un complément, et appelons-la *loi de la nature*.

Si l'on comprenait pleinement qu'une loi de la nature ne signifie pas une cause occulte de conformité parmi les faits, mais simplement la conformité elle-même, l'expression pourrait être utilisée dans ce sens sans risque de confusion».

[Quand nous devrons citer l'un des volumes du *Rationale*, nous nous contenterons de repérer le texte, en indiquant: *Rationale*, le n° du volume et le n° de la page].

29 Réfléchissant sur la question, Diderot commente Beccaria qu'il trouve faible sur le point: «*La connaissance des complices est une des vérités qu'on cherche*, et il est certain qu'on la découvre tous les jours par ce moyen cruel» (Morellet, p. 54). Diderot souligne le lien qui existe entre la *vérité* quand on la cherche dans un procès et la torture qui se trouve ainsi fondée et devant laquelle on ne recule pas pour la trouver.

III. Critique de la notion de *vérité* au nom de laquelle on punit et qui est proprement inatteignable

La question de la vérité, dont le théâtre des procès ne donne qu'un aspect, certainement l'un des plus dangereux[30], est un problème très général chez les classiques. Laplace énonce à peu près pour la dernière fois l'idéal de la physique et de l'astronomie classiques; les lois n'auront bientôt plus cette prétention universelle: la notion d'*effet*[31], l'intégration du point de vue de l'observateur et l'introduction du hasard et des perturbations de l'expérimentation dans les lois mêmes, vont changer radicalement la structure de celles-ci. La légalité physique ne dira pas ce que sont les choses naturelles en elles-mêmes. Avant même l'époque où l'on en prendra conscience en philosophie naturelle, l'utilitarisme benthamien va chercher à l'établir sur le terrain du droit où la règle est moins ce qui régit les choses que la décision prise par l'instance autorisée pour les régir. Pas plus qu'il n'existe de causes cachées dont il faudrait chercher à découvrir la présence dans la nature, il n'y a de vérité de ce qui s'est passé dans une affaire judiciaire, qu'il faudrait faire jaillir par quelque aveu de la tête de l'inculpé et arracher au secret dans lequel la tient le présumé coupable. Beccaria n'a fait que préparer le terrain, puisqu'il substitue l'autorité langagière de la loi à la douleur insupportable de la peine qui pousse à l'aveu. Diderot même ne l'a pas entièrement compris; au contraire, Bentham part de ce résultat auquel il entend donner forme dans les volumes du *Rationale*.

L'idée de *vérité substantielle*, qui peut s'enfermer et être conquise et reconquise par effraction, Bentham en trouve moins l'expression chez Beccaria, qui est déjà trop averti de la doctrine des chances pour ne plus se contenter de voir en la notion de *probabilité* un simple substitut de la notion de *vérité*, que chez Brissot de Warville que l'Anglais a eu l'occasion d'approcher, avec qui il a correspondu, et

30 Car il y va de la vie et de la liberté des gens.

31 Comme on parle d'effet Doppler ou d'effet Compton.

qui avait commis en 1782, parmi une multitude d'ouvrages et de publications de discours divers, un volume assez épais sur le sujet *De la vérité*, qui contient, comme en témoigne la *Deontology*, à l'état formalisé et caricatural, tout ce que Bentham récuse dans cette idéologie[32]. On comprend que Bentham ait fait de ce livre le symbole des *fallacies* que l'on peut débiter sur la question. D'abord, la vérité est constamment conçue comme une conformité du discours aux objets ou à ce qui est[33]; ce qu'elle ne saurait être, puisque ce qui s'est passé et ce qui est sont précisément ce qui manque le plus dans un procès où tout n'est traité qu'indirectement par témoignages qu'il faut apprécier. Ensuite, la vérité est traitée dans cet ouvrage, bien oublié depuis deux siècles, du futur Girondin, comme la valeur centrale[34], alors qu'elle ne saurait l'être et que la notion de *probabilité* est précisément la façon dont la théorie fait une place aux valeurs pratiques, sans aucune annexion par la notion de *vérité*. Cette double conception de Brissot est significative, aux yeux de Bentham, du mauvais usage d'une entité fictive, et symbolique de la conception de la *loi* qui règne au tournant

32 Faisant le reproche à Hume de s'être trompé de mot en parlant de *truth* – «he should have spoken of veracity» –, il ajoute: «Truth is a fictitious entity. Brissot was misled by it. He wrote a book on *Vérité*: sometimes it was a knowledge of things, at others veracity; it was sometimes love of truth as opposed to religious tyranny. He meant the subject matter of knowledge, the result of evidence. It is the knowledge of what facts did really exist. Truth is a mighty queer sort of personage in the abstract, as slippery as an eel» (*Deontology together with a Table of the Springs of Action and Article on Utilitarianism*, Amnon Goldworth, Clarendon Press, Oxford, 1983, p. 354).

33 Brissot de Warville, Jacques-Pierre (1754-1793), *De la vérité ou méditations sur les moyens de parvenir à la vérité dans toutes les connaissances humaines*, Desauges, Belin, Paris; Grabit, Rosset, Lyon, 1782: «Nous disons que la vérité existe toutes les fois que ce qu'on dit est conforme à ce qui est ou à ce qui paraît». Ou, un peu plus loin: «La vérité est la conformité des rapports métaphysiques affirmés des objets, avec leur rapport physique tel qu'il se présente à nos sens» (p. 36).

34 Après avoir dit que le philosophe cherchait l'être derrière les apparences, Brissot ajoute: «Oui, rien n'est beau, rien n'est bon, rien n'est utile que le vrai. L'important, l'essentiel dans la vie, n'est donc pas de savoir beaucoup, mais de savoir vrai» (*De la vérité*, p. 14).

du XVIIIe et du XIXe siècles, qu'elle soit scientifique ou juridique; elle est, dans les deux cas, exactement celle que combat Bentham dans le *Rationale*[35]. Le vrai ainsi conçu est absolument inatteignable, non pas dans le sens où l'on s'en approcherait indéfiniment, même très lentement, trop lentement; il est radicalement inutile, oriente faussement les recherches et ne permet aucun usage social.

A cette conception défectueuse du vrai, il convient de substituer une autre façon de construire et de conduire la procédure, en particulier quand on veut établir une exaction et quand on veut la punir. Autant les classiques orientaient la procédure afin d'établir une vérité, fût-elle inatteignable, de la supposition d'un système d'observabilité, autant Bentham entend tirer radicalement parti du caractère inatteignable du vrai; plus encore que Beccaria qui, tout en récusant toute conception théologique du vrai, laisse encore une place vide.

La rupture benthamienne s'énonce en termes apparemment très éloignés de notre problème: il faut, dans une recherche d'innocence ou de culpabilité, ne négliger aucune preuve[36]. Toute preuve, quelque soit celui qui l'apporte, doit être prise en compte pour entrer dans le calcul et recevoir un degré de valeur. Aucune ne doit être rejetée sous prétexte que celui qui la dit a intérêt à la dire, à la travestir ou à en taire une partie; cet intérêt même peut être pris en compte dans un calcul, mais il ne saurait compter sans barbarie ou sans ruse hypocrite pour zéro[37]. Il vient s'ajouter à la preuve ou lui retrancher, mais il ne saurait

35 Notons que, si Bentham avait mieux connu Kant et n'en avait pas seulement fait une sorte de berkeleyen, s'il avait pu savoir aussi la destinée extraordinaire et très exagérée du kantisme, il aurait pu se servir des probabilités dans la *Logique* qui lui aurait permis d'exhiber plus finement encore l'idéologie du vrai pour la dénoncer. La probabilité n'est chez Kant, autant que chez Brissot, que le masque de la vérité quand on ne peut pas la découvrir.

36 Ce principe, énoncé ainsi dans toute sa simplicité, inspire les deux derniers des cinq volumes que compte le *Rationale*. «L'essence de la preuve, c'est l'essence de la justice», dit-il.

37 La *Table des ressorts de l'action* avait déjà porté l'attention sur ce point: le radicalisme moral qui vise à écarter les mauvais motifs des plaintes ou des témoignages conduit à une morale sociale beaucoup plus sordide et beaucoup plus injuste que de laisser s'exprimer, qu'elle soit refoulée ou non, une certaine par-

être mis entre parenthèses, passé sous silence ou disqualifié par principe parce qu'il ne peut apporter que des vues biaisées ou tronquées. Bien sûr, un faux témoignage doit être sanctionné; mais ce n'est pas une loi de tout ou rien qui permet de sélectionner la valeur des témoignages. Compter pour rien ce qui a quelque valeur est une grave erreur et, au bout du compte, un encouragement à l'exaction[38]. En matière judiciaire, il faut être capable de prendre en compte des degrés[39]. La commensurabilité de matériaux hétérogènes est la seule chose à

---

tialité: «99. Les erreurs pratiques qui proviennent de ce langage erroné – on peut les voir dans la procédure pénale. 1. Exclusion des plaignants sur le fondement de mauvais motifs. 2. Même chose pour les témoins sur le fondement qu'ils sont intéressés.

100. Des deux points précédents, particulièrement du dernier, l'injustice s'ensuit constamment. 1. Au pénal. On accorde l'impunité ou on refuse la satisfaction parce que le plaignant s'est porté tel par mauvaise volonté ou a été coupable.

101. 2. Au civil, le témoignage est rejeté, le droit écarté, parce que le témoignage ne serait pas un effet sans cause.

102. Pour un intérêt purement nominal, on rejette le témoignage de A, alors que celui de B est admis, quoiqu'il s'effectue sous l'influence des intérêts les plus irréductibles.

103. Les erreurs pratiques qui découlent de ces fautes de conception spéculative: 1. Sous prétexte qu'ils sont produits par de mauvais motifs, des actes utiles sont prohibés ou empêchés, des actes utiles et même nécessaires qui n'auraient pas pu être produits par d'autres motifs. Par exemple: la poursuite en justice de délinquants. Motif nécessaire: la revanche ‹*revenge*›.

104. *On concède* que *quelques* motifs, égoïstes et antisociaux, sont particulièrement susceptibles de produire de mauvais effets; que d'autres sont particulièrement propres à restreindre les excès de l'action de ces autres motifs.

105. Mais si vous renoncez à cette notion de punir, tout acte produit selon des motifs supposés mauvais, en récompensant tout acte produit selon des motifs supposés bons, l'humanité sera aussitôt détruite.» Le texte se poursuit sous le titre: *Il n'y a pas de mauvais motifs: les erreurs pratiques*. (*La Table des ressorts de l'action*, Cahiers de l'Unebévue, Paris, pp. 58 ss.).

38 *Rationale*, IV, 493: «Exclusion is one of the grand engines by the help of which corruption has been enabled to gain its ends». L'exclusion trace en négatif toutes les exactions qui vous sont permises.

39 *Rationale*, I, 60: «To warrant a decision conformable to the tendency of evidence, it is not necessary that the probative force of it should in every instance be at the highest degree».

laquelle doivent veiller les travailleurs de la preuve que les juristes deviennent de préférence à des découvreurs du vrai (qu'ils ne seront jamais puisqu'il est impossible qu'ils le soient).[40] Les témoignages ne doivent pas être envisagés comme s'il n'y avait qu'un témoin qui dise

40 Le *Rationale* distribue cette idée de ne négliger aucune preuve sous la forme d'un ensemble de règles pratiques (III, 229, 230, 231):
«I. Warnings tending to prevent under-evaluation:
1. Reject no article of circumstantial evidence on the score of weakness.
2. Much less on the score of its non being conclusive.
3. Hold not this aggregate mass insufficient, for the separate insufficiency of the elementary articles.
4. Hold not an aggregate mass of circumstantial evidence insufficient, for the mere want of an article of this or that one description.
5. Hold not circumstantial insufficient, as much, for the mere want of direct evidence: viz. where direct evidence is not obtainable, or not without preponderant inconvenience in the shape of delay, vexation and experience.
6. Hold not direct evidence insufficient, merely for the want of circumstantial.
II. Warnings tending to prevent over-evaluation:
7. (1). Set down no article, nor any aggregative mass, of circumstantial evidence, as even provisionally conclusive *in all cases*.
8. (2). Much less as conclusive against, or (what comes to the same thing) to the exclusion of, all counter-evidence.
9. (3). Content not yourself with general circumstantial testimony, when you can have special direct testimony from the same source.
10. (4). Whatever evidence (in particular, circumstantial evidence) other than produced by interrogation of the respective parties, presents itself; if the situation of the party be such as to present any probability of his being able to give explanation of it (i. e. to contribute either to give completeness or correctness to it, or to the inferences deducible from it), -fail not to employ interrogation, -judicial interrogation, applied to the party, -for the explanation of it.
11. (5). Reject not circumstantial as needless, on account of the abundance of direct».
Toutes ces règles sont des règles de bon sens pour celui qui a compris la portée et le fonctionnement des probabilités. Hume n'est pas sans en avoir énoncé quelques-unes, comme celle de ne jamais se contenter de réfuter un prétendu fait avec des idées générales. Hume le dit, à la suite de Bernoulli, dont le IId axiome de l'*Ars conjectandi* est que: «pour juger des généralités, des arguments éloignés et d'ordre général suffisent; mais [que], pour former des conjectures sur des cas particuliers, il faut bien en adjoindre de plus proches et précis, si seulement cela se peut».

la vérité ou comme si un témoignage devait être si entièrement faux qu'il faille radicalement écarter celui qui le porte[41].

Dès lors, ce à quoi se réfère le juriste est moins le vrai ou la vérité que ce que Bentham appelle la *force probatoire «probative force»* des arguments, c'est-à-dire ce qui va avoir une influence, comptable en degrés, sur la décision du juge, qu'il s'agisse de la rédaction du dossier, des dépositions de témoins, des réquisitoires des avocats[42]. Com-

41 Le *Rationale* (V, 736) énonce de ce point de vue sept règles que Bentham présente comme les résultats généraux de son travail de 3500 pages. Il s'agit de mettre le juge en garde contre:
«1. The supposing that there is any man, of whose testimony it is certain that it will throughout be true: true to be the purpose of warranting the judge to treat it as conclusive, i. e. exclusive of all counter-evidence.
2. The supposing that there is any man, of whose testimony it is certain that it will throughout be untrue; viz. to the purpose of warranting the judge in refusing to bear it. Not that the certainty of its being throughout untrue, would induce anything like a certainty of its being throughout uninstructive.
3. The supposing that there exists any one sort of interest, which, on the occasion in question, can be sure to overpower the force of the standing tutelary interests, as to render untruth in the part of the testimony certain in any part, much less in the whole.
4. – or any number of interests acting in a mendacity-promoting direction.
5. The supposing that because, as to this or that fact, the testimony in question is incontestably false, and even mendacious, -that therefore there is a certainty of its being false as to this or that other fact: much more as to all the other facts.
6. The supposing that, where there are divers interests to the action of which the testimony is exposed on either side, there is any one of them that ought to be neglected, as if destitute of force.
7. The supposing that, where there are divers interests acting in the same side, the aggregate force with they act is to be learnt by counting them, without regard to the separate force of each.
The above propositions are the general results of this work.»

42 Bowring, VI, 208: «By the term evidence, considered according to the most extended application, that is ever given to it, may be and seem in general to be, understand any matter of fact, the effect, tendency, or design of which, when presented to the mind, is to produce a persuasion concerning the existence of some other matter of fact – a persuasion either affirmative or disaffirmative of its existence». Le Chap. V du Liv. I du *Rationale* (pp. 58 ss.) est parfaitement clair sur la question; on trouve, en particulier, p. 61: «The greater the quantity of

prenons bien que la force probatoire n'est pas un échafaudage destiné à connaître le vrai, de telle sorte qu'il puisse être retiré et laisser apparaître ce qui doit enfin être découvert. Les calculs de forces – peut-être vaut-il mieux parler d'*autorité* que de *force*, car les forces dont il s'agit dans les preuves ne se composent pas en arbalète selon des lois aussi simples qu'en philosophie naturelle[43] – ont radicalement remplacé la découverte du vrai et ne la supposent pas davantage que la «vraie mesure» dans un encadrement approximatif entre le maximum et le minimum. Le matériau du *Rationale* n'est pas autre chose que le traitement de la force probatoire. Sans doute, Bentham n'est-il pas sans devancier, car Bernoulli avait déjà montré, dans l'*Ars conjectandi*, comment pouvait s'agencer ce type de preuves seulement probables, mais il ne le faisait que sous couvert d'un principe théologique qui, dès le départ et à l'arrière-fond, assurait, paradoxalement et même contradictoirement, la fonction d'une vérité inaccessible[44]. Le système benthamien est radicalement dépouillé de ce théisme et il repose, nous l'avons vu, sur une critique radicale de l'idée de *loi*.

Le *Rationale* va, de ce point de vue, en sens inverse de la rationalité des Lumières. Loin de déployer le système de la preuve pour savoir

---

probative force in the mass of evidence produced on one side, deduction made of that which is produced on the other side; the more certain in the eyes of a by-stander will be its effect on the mind, and the greater in the mind of the judge will be the ease and satisfaction with which the judgment of belief pronounced on the strength of it will be accompanied. As it is the business of the legislator so to order matters that, on each occasion, the obtainable quantity of probative force shall be as great as possible; so it is the business of the judge to be aware of all the several circumstances by which that quantity is capable either of being augmented or diminished».

43 Bentham parle dans le *Rationale*, par exemple en III, 367, de la «probative force of authority».

44 C'est le deuxième alinéa et, en même temps, la deuxième phrase du texte; la première référant nettement la certitude et les fractions de certitude à la notion de vérité: «On considère la certitude d'une chose quelconque ou bien objectivement en elle-même: le mot signifie alors rien d'autre que la vérité de l'existence présente ou future de cette chose; ou bien on la considère subjectivement, dans son rapport à nous et elle est la mesure de notre connaissance touchant cette vérité».

la vérité, c'est précisément parce qu'on ne la connaît pas et qu'on ne la saura jamais – les prisons sont peuplées de gens qui n'ont jamais avoué, n'avoueront jamais et dont les aveux mêmes sont suspects[45] –, que la procédure du tribunal et sa théâtralisation prennent tout leur sens. C'est à partir d'un point aveugle de savoir que se développe la stratégie du *Rationale*. Bentham distingue nettement la *véracité* de la *vérité*; la première dépend du jeu des forces[46] et c'est à elle que sera rattachée la différence entre la *mémoire* et l'*invention*.

Si l'on voulait, à tout prix – ce que ne fait pas Bentham dans le texte –, voir dans le *Rationale* une expression du panoptique, il faudrait dire que, dans cette tour centrale, on ne sait s'il y a du vrai, ni même une simple possibilité de vérité. D'une certaine façon, on pourrait se demander si ce qui arrive à la justice dans ces années 1830 n'a pas précédé ce qui arrivera aux mathématiques dont Russell dira qu'elles sont une discipline où l'on ne sait de quoi on parle ni si ce

45 Poisson le notera dans son Préambule aux *Recherches sur la probabilité des jugements en matière criminelle et en matière civile*, Bachelier, Paris, 1837, p. 5: «On ne saurait arriver à la preuve mathématique de la culpabilité d'un accusé; son aveu même ne peut être regardé que comme une probabilité très approchante de la certitude; le juré le plus éclairé et le plus humain ne prononce donc une condamnation que sur une forte probabilité, souvent moindre, néanmoins, que celle qui résulterait de l'aveu du coupable». Sans se faire aucune illusion sur l'issue de la proposition, Poisson demandera, dans le sillage de Condorcet et de Laplace, que l'on substitue au mot de *coupable* celui de *condamnable* (p. 6).

46 *Rationale*, I, 155-156: «*Veracity* has place, in so far as it is the will, the wish, the endeavour, of the witness, that his testimony, and the conclusions drawn from it, be conformable to the real state of the case. *Mendacity* has place, in so far as it is the will, the wish, the endeavour, of the witness, that his testimony, and the conclusions drawn from it, be in any respect unconformable to the real state of the case.

Verity has place, in so far as, -whatsoever be the state of the will, of the volitional or moral faculty, of the witness, on the occasion in question – the report made by him concerning them, in and by his testimony, is conformable to the real state of the case. *Falsehood*, or rather *falsity*, (the word being used without reference to *veracity* or *mendacity*), has place in so far as, – whatever on the part of the witness be the state of his will, in relation to the matters of fact in question, -his testimony fails of being conformable to the real state of the case».

qu'on dit est vrai, sans qu'on nuise pour autant à leur rigueur. Sans doute demande-t-on à la justice d'avoir un sens, même s'il est difficile de dire lequel; mais on ne peut plus dire, au XIXe siècle, que la vérité en soit le centre. Le *Rationale* développe donc une conception aveugle et symbolique de la justice. Le panoptique, s'il y a encore un sens à en parler au-delà du *Rationale*, entendons comme façon d'écrire le droit et de rendre la justice, est une forme aliénée de la conception précédente en ce qu'il surcharge le système pénitentiaire du point de vue d'un savoir secret; or le point fort du *Rationale* est précisément de ne pas partir d'un tel savoir.

L'utilisation du matériau, de tout le matériau[47], est liée au fait qu'il n'y a pas de possibilité de prouver d'un point de vue extérieur, surplombant et transcendant. Un *invenire*, un *inventer*, sans point de vue souverain, est la règle. Cette insistance sur l'*invention* va si loin que Bentham ne dissocie pas la mémoire de l'invention en disant que l'une est vraie et que l'autre est fausse, ou (comme Hume) que la première est plus vive que l'autre, mais il les distingue en portant l'accent sur le moindre effort «*the love of ease*» qui caractérise la *mémoire* par rapport à l'*invention*, laquelle mobilise beaucoup plus d'énergie[48]. Nous

47 Bentham défend ce terme de *matière*, appliquée au psychisme, c'est-à-dire à l'éthique et à la politique. Voyez Bowring, I, 287: «Extension of the use of the word *matter*, from the field of physics or psychology, including ethics and politics. 1. In the higher or more general quarter of them; viz in the phrases *matter of good, matter of evil*. 2. In the department of law in general, and of penal law in particular – *matter of satisfaction* or *compensation*, *matter of punishment*, *matter of reward*; *matter of punishment* being neither more nor less than the *matter of evil* applied to a particular purpose; – *matter of reward*, the *matter of good* applied to one particular purpose; – *matter of satisfaction*, the *matter of good* applied to another particular purpose».

48 *Rationale*, I, 202-203: «To relate incidents as they have really happened [I mean as, to the narrator, they have really appeared to happen. With this explanation, the expression *as they have really happened*, may be used instead of the more correct expression, to save words], is the work of the memory: to relate them otherwise than as they have really happened, is the work of the invention. But, generally speaking, comparing the work of the memory with that of the invention, the latter will be found by much the harder work. The ideas presented by the memory present themselves in the first instance, and as it were of their own

ne prétendons pas que tous les problèmes soient résolus par nos remarques précédentes: on peut craindre qu'il ne s'agisse que d'un déplacement des difficultés. En effet, le spectre de l'inapplicabilité, qui compromettait la perspective de la découverte du vrai, peut réapparaître dans l'invention du *Rationale*, en ce que le calcul risque d'ouvrir indéfiniment des perspectives et il se condamne à ne jamais finir, sinon par une décision, au bout du compte aussi arbitraire que la croyance de la présence de la vérité en certaines têtes ou en certains points de vue[49]. Les nombres mettent en évidence ce que le langage ordinaire recouvre[50].

---

accord: the ideas presented by the invention, by the imagination, do not present themselves without labour and exertion. In the first instance come the true facts presented by the memory, which facts must be put aside: they are constantly presenting themselves, and as constantly must the door be shut against them. The false facts, for which the imagination is drawn upon, are not to be got at without effort: not only so, but, if, in the search made after them, any at all present themselves, different ones will present themselves for the same place: to the labour of investigation is thus added the labour of selection.

Hence an axiom of mental pathology, applicable to the present case: an axiom expressive of a matter of fact, which may be stated as the primary and fundamental cause of veracity in man. The work of the memory is in general easier than that of the invention. But to consult the memory alone in the statement given is *veracity*: *mendacity* is the quality displayed, so far as the invention is employed.

The *love of ease*, – in other word, the desire of avoiding the pain of mental exertion, – is therefore a motive, the action of which tends, on every occasion, with more or less force and effect, to confine the discourse of a man within the pale of truth».

La leçon de Hume, qui distinguait les perceptions par leur degré de force plutôt que par leur modalité représentative, est parfaitement apprise; et l'on peut lire le passage de telle sorte que l'on comprenne que toute mémoire est une fausse mémoire. Toutefois la dynamique humienne se trouve renversée puisque, là à Hume voyait le maximum de vivacité dans la mémoire, Bentham le voit plutôt dans l'invention que dans les mornes forces résiduelles et inactives de la mémoire.

49 Le problème est posé, pp. 100 ss. du vol. I du *Rationale*: «An infinite scale, inapplicable, though the only true one». Bentham s'explique en ces termes: «In respect of persuasion and probative force – persuasion in the first place on the part of a witness, in the next place on the part of the judge – probative force on

IV. Conclusion

On peut se demander de quel mouvement général relève ce que nous avons appelé un «tournant», avec deux positions fortes: celle de Beccaria à son entrée et celle du Bentham du *Rationale* à sa sortie. Toutes sortes de diagnostic ont été apposées sur ce mouvement, qui ne se contredisent pas forcément et peuvent même se composer jusqu'à un

---

the part of the evidence, of whatsoever evidence it be, direct evidence or circumstantial evidence, evidence of persons or evidence of things; – an infinite scale (it has been already intimated) is the only sort of scale by which the truth of the case can be expressed. In what can that mass of evidence be, to the probative force of which no addition is made by the evidence of a mass of evidence, exactly of the same composition in every respect and twice as great? Unfortunately, a scale to such a degree correct, would not, physically speaking, be capable of being applied to the particular purpose here in view. The use and only use of the sort of scale in question would be to enable the witness to give to his testimony, or the judge to his opinion, a less degree of effect in practice than what it is productive of without the employment of any such scale. At present, the effect given to any such testimony in practice is as great, never less than as great, as the utmost effect of which the highest possible degree of persuasion in that single breast could be productive. On the side of argumentation, then, nothing remains to be done. The persuasion is considered as being, in many instances, at the highest degree; or, at any rate, in justice, the same effect is given to it as if it were».

Bernoulli avait déjà rencontré ce problème dans son *Ars conjectandi*. On lit, en effet, au chapitre III de la IVe partie de l'*Ars conjectandi*, § 7, «que, si les arguments qu'on apporte dans un sens et dans l'autre sont assez forts, il peut arriver que l'absolue probabilité de chacune des deux parties dépasse notablement la moitié de la certitude, c'est-à-dire que l'un et l'autre des contraires deviennent probables, même si, à parler relativement l'un se trouve moins probable que l'autre. Ainsi il peut arriver que quelque chose ait 2/3 de certitude, tandis que son contraire en possède ¾; par cette raison, chacun des deux contraires sera probable, et cela dans le rapport de 2/3 à ¾, soit de 8 à 9».

50 C'est ainsi que le calcul permet de substituer à l'opinion, qui n'est pas susceptible de degrés, la persuasion, qui l'est: «In a word, the only adequate mode of expressive degrees of persuasion is by numbers. But hitherto, neither in ordinary language nor in the scientific language of jurisprudence, have numbers been employed» (*Rationale*, I, 90).

certain point. Beccaria le voit nettement et participe à ce mouvement comme celui d'une évolution de la sensibilité, qui tend vers la douceur des peines, non sans raffinement psychologique de cruauté dans sa préférence marquée pour la prison à perpétuité contre la peine de mort. Nietzsche a pu emboîter le pas de Beccaria auquel il paraît emprunter la structure même de quelques formules[51]. Nul doute que la «civilisation» passe par un abaissement généralisé des seuils supportables de douleurs (de certaines d'entre elles, du moins). Toutefois il ajoute à cette considération un complément important, qui en souligne la grande fragilité: c'est quand un Etat, à tort ou à raison, se sent fort dans sa police et dans ses lois, qu'il en rabat sur la violence et la cruauté des châtiments, devenues inutiles. Dès lors, la volonté de douceur n'est plus une cause; elle est un simple symptôme. Mais on peut inscrire ce mouvement dans la vaste mercantilisation des délits et des peines qui, si elle éclate à nos yeux aujourd'hui de la façon la plus

51 Par exemple, on lit, chez Beccaria (Morellet, p. 75): «Il faut des impressions plus fortes et plus cruelles pour les esprits d'un peuple à peine sorti de la barbarie [...] mais, à mesure que les âmes s'amollissent dans l'état de la société, la sensibilité de chaque individu augmente et son accroissement demande qu'on diminue la rigueur des peines si l'on veut conserver les mêmes rapports entre l'objet et la sensation». Que l'on compare ce texte avec la seconde Dissertation de *La généalogie de la morale*, § 7, § 11, § 10: «A mesure que s'accroît sa puissance, une communauté accorde moins d'importance aux manquements de ses membres, puisque ces membres ne lui paraissent plus dans la même mesure dangereux pour l'existence de l'ensemble ni subversifs: le malfaiteur n'est plus ‹mis au ban› et chassé, le courroux général ne peut plus, comme jadis, se donner libre cours contre lui, – bien plus, on défend maintenant soigneusement le malfaiteur contre cette colère, on le protège surtout contre ceux qui ont subi le dommage immédiat. Le compromis avec la colère de ceux qui ont tout d'abord souffert du méfait; l'effort tenté pour localiser le cas et prévenir ainsi une effervescence et un trouble plus grands ou même généralisés; la recherche de compensations équivalentes pour accommoder toute l'affaire (la *compositio*); avant tout la volonté toujours arrêtée de considérer toute infraction comme pouvant être rachetée, et par conséquent d'isoler, du moins dans une certaine mesure, le délinquant de son acte, – tels sont les traits qui caractérisent toujours plus clairement le droit pénal dans les phases suivantes de son développement. Si la puissance et la conscience individuelle d'une communauté s'accroissent, le droit pénal toujours s'adoucira».

grotesque, n'en est pas moins commencée depuis longtemps puisqu'elle nous paraît traverser l'âge classique.

Sans doute pensons nous à des faits, que l'on a fini par admettre comme les signes mêmes de la justice, telle la volonté de rendre commensurables les délits entre eux, les peines entre elles, les délits et les peines en une correspondance générale. A qui échapperait-il que l'utilitarisme s'est servi du marché comme paradigme des équilibres précédents? La punition est une dépense et il s'agit de la faire servir au mieux des intérêts de la société. Elle ne doit pas être excessive, non pas par quelque humanisme de la bienveillance et de la sympathie – on ne voit d'ailleurs pas pourquoi il faudrait choisir d'être sympathique et bienveillant à l'égard du délinquant et du criminel – mais parce que, comme l'indique nettement Bentham, «sa dépense est pernicieuse en ce qu'elle n'est pas économique»[52]. Mais, plus encore, selon le schéma même du calcul pascalien des partis qui définit, sous une structure de paiement qui n'a pu aller à son terme, une autre structure de paiement qui évalue la première, il ne faut jamais que le crime reste impuni et chercher toujours, quand bien même une personne aurait échappé à un châtiment, la possibilité de lui en infliger un autre, en une sorte de suite indéfinie dans laquelle le délinquant se trouve à jamais enfermé, quand bien même on n'aurait pas pu s'assurer de sa personne[53].

Toutefois, sans que nous ignorions le lien étroit qui unit la mercantilisation généralisée des rapports sociaux avec le type de rationalité que nous avons inspecté, qui commence avec le style de rationalité

52 Morellet, pp. 214-215. Lorsque la dépense de la punition excède le profit de ne pas la mettre en œuvre, ou lorsque la perte de profit que donnerait l'application de la peine est surpassée par quelque autre profit accidentel qui peut résulter en ne l'appliquant pas, la punition est pernicieuse. En rendant la douleur plus symbolique et en quelque sorte plus linguistique, on la rend plus «économique»: «On rend un mode de punition plus économique en diminuant la souffrance réelle» (Morellet, 205).

53 Au chapitre XV du Livre II de la *Théorie des peines criminelles de J. Bentham*, on lit: «Pour qu'une loi soit efficace, il faut que, dans le cas où la punition d'abord désignée n'a pas eu lieu, elle désigne une punition subsidiaire, qu'on peut regarder comme servant d'appui à la première» (Morellet, p. 210).

que l'on trouve dans le calcul des partis du milieu du XVIIe siècle et qui traverse de part en part le *Rationale* de Bentham, ce qui frappe c'est la mise en œuvre de ce style même de rationalité qui prend son parti de n'avoir pas de transcendance, de point de vue souverain. Pascal avait déjà demandé que l'on ne se fasse pas une idole de la vérité même; il semble qu'il ait été entendu en un sens laïcisé qui, à coup sûr, n'est plus chrétien. La vérité n'a de sens qu'en collaboration avec d'autres valeurs qui n'ont rien d'aléthique. Ainsi, les travaux les plus fins du XVIIIe siècle se sont trouvés comme retournés. L'œuvre de Hume est tout entière une dynamique psychologique, comme l'a bien vu Bentham[54]; elle dit la vérité sur les forces mais elle hésite avant de compter la vérité pour l'une d'elles. Bentham n'a plus cette hésitation et, dès lors, loin d'être une description, la dynamique se retourne au service de prescriptions pratiques visant à la persuasion. L'ontologie humienne se trouve renversée en déontologie.

On peut prendre ce résultat de deux façons. On pourra le rapprocher du travail qui se fait en psychanalyse, laquelle considère l'inconscient comme un concept éthique, c'est-à-dire pratique et tient moins ce qu'elle fait pour une recherche de vérité que comme une construction[55]. On pourra aussi se demander ce qu'est devenu le panoptique dans le *Rationale*. On sait qu'un certain nombre de commentateurs, dans le sillage de Foucault quoique sans en avoir la prudence critique et le savoir des limites, ont voulu étendre considérablement le panoptique, bien au-delà de la prison, de l'école et de l'atelier, et qu'ils ont voulu en faire un mode de pensée et d'écriture. Or c'est tout le contraire de cette idéologie classique et laplacienne que l'on trouve dans le *Rationale*, lequel ne fait plus directement aucune place au panoptique. Cela ne veut pas dire qu'il n'y soit pas, mais s'il y est, c'est dans le sens où l'on a pu récemment montrer que les idéaux des

54 On trouve, chez Bentham, des phrases qui auraient pu être signées de Hume: «Persuasion admits of, and exists in, different degrees of intensity; for strength, force and intensity are here synonymous» (*Rationale*, I, 71).

55 C'est tout le sens du texte de Freud des *Constructions en analyse* dont l'œuvre de Lacan paraît une longue méditation et une reprise au sens où Kierkegaard utilise le terme.

Lumières ont servi de face cachée à la nouvelle rationalité, qui n'a plus grand-chose à voir avec l'idéal classique. La nouvelle rationalité de la peine désigne la prison comme la peine favorite, puisque, sur le papier du moins, elle présente toutes les vertus que l'on attend d'un châtiment; mais la prison, dans sa réalité pratique qui est bien celle de l'enfer panoptique, enfer symbolique s'il n'est plus celui des supplices, est solidaire d'un usage inversé de la rationalité des Lumières et se trouve en radical porte-à-faux avec les subtilités et la philosophie de l'immanence du *Rationale*. La philosophie de la peine chez Bentham, loin d'être d'un bloc monolithique, s'organise en strates qui ne relèvent pas de la même idéologie. Curieusement, la rationalité des probabilités qui avait longtemps été tenue dans l'ombre passe à la lumière[56]; l'idéologie des Lumières structurant la morne moitié laissée par la première. Nous nous débattons encore dans cette étrange temporalité, n'ayant pas été capables de créer les peines qui convenaient au nouveau *rationale* sur lequel règne pourtant désormais un consensus très large.

Ce qui, en revanche, ne fait pas problème, c'est – qu'on lui ait donné une forme ou une autre – que le lieu de la *condamnabilité* (plutôt que de la *culpabilité*) se trouve dans la force probatoire. La douceur n'est pas exactement un affaiblissement des affects; elle est rendue nécessaire par la nouvelle rationalité[57].

56 Elle n'y passe pas dans les meilleures conditions chez Bentham qui, s'il adopte une conception nettement «subjectiviste» de la probabilité, ne semble voir le parti qu'il aurait pu tirer de leur calcul que Price et Bayes auraient pu lui permettre. Laplace, quinze ans plus tôt, et Poisson, dix ans plus tard, verront cet avantage. Peut-être aveuglé par le politicien qu'il n'appréciait guère, Bentham a raté en Price le probabiliste (*Rationale*, I, 136-138).

57 On trouve chez Laplace l'idée que la probabilité d'erreur qu'on est forcé d'admettre dans les jugements en matière criminelle «doit être telle qu'il y ait plus de danger pour la sûreté publique à l'acquittement d'un coupable que de crainte de la condamnation d'un innocent». Quant à Poisson, il demande que l'on pèse ce conseil: «lorsque nous trouverons que, sur un très grand nombre de jugements, il y a une certaine proportion de condamnations erronées, il ne faudra pas entendre que cette proportion soit celle des condamnés innocents; ce sera la proportion des condamnés qui l'ont été à une trop faible probabilité, non

Il y avait quelque chose de prémonitoire dans la conclusion que Hume a écrite pour les *Dialogues sur la religion naturelle*. Certes, Hume ne fut pas un grand juriste. Mais il est l'un des premiers, avec Locke, à avoir compris en profondeur le calcul des probabilités. Il savait que le calcul des probabilités n'est pas arc-bouté sur une vérité qui nous manque, que sa vérité réside dans une construction spécifique. Dès lors, la fin des *Dialogues*, restée énigmatique à un grand nombre de commentateurs, s'éclaire. Lorsqu'il dit que le discours de Philon était le plus probable, mais que celui de Cléanthe était plus proche de la vérité, il ne veut pas dire contradictoirement qu'*in extremis*, il préfère la solution de Cléanthe à celle de Philon qu'il avait semblé préférer tout le long du texte. Il s'agit d'opposer deux méthodes. Celle de Cléanthe est liée à l'idéologie du rapprochement de la vérité, à laquelle se rattachent inévitablement tous ceux qui ne comprennent pas les enjeux de la doctrine des probabilités; en revanche, celle de Philon est une théorie bien comprise des probabilités pour laquelle il n'est pas question de se rapprocher de la vérité. Ainsi, il est clair que la préférence théorique revient à Philon en dépit de l'expression sibylline, c'est-à-dire qui trompe qui doit être trompé et qui il vaut mieux tromper, de Hume. A bon entendeur salut.

---

pas pour établir qu'ils sont plutôt coupables qu'innocents, mais pour que leur condamnation fût nécessaire à la sûreté publique. Déterminer, parmi ces condamnés, le nombre de ceux qui réellement n'étaient pas coupables, ce n'est pas l'objet de nos calculs» (*Recherches sur la probabilités des jugements*, p. 6).

Nietzsche, ou comment «surveiller sans punir»: une lecture généalogique de la sanction

BRIGITTE KRULIC

Professeur à Paris Ouest Nanterre La Défense
Directrice du Centre de Recherches Pluridisciplinaires Multilingues (CRPM EA 4418)

> Il n'y a aucune nécessité éternelle qui exige que toute faute soit expiée et payée, – croire à une telle nécessité fut une terrible illusion de l'utilité la plus limitée. (Aurore, § 563)

Nietzsche résiste obstinément aux tentatives d'interprétation qui le travestissent en «politiquement correct» et l'euphémisent en fonction des modes littéraires, politiques ou philosophiques. Il partage en effet avec les auteurs du courant antidémocratique une hostilité irréductible envers les principes et pratiques de la démocratie libérale représentative, envers l'atonie du vouloir dans une époque dominée par le «A quoi bon?» qui réduit à néant la possibilité même de vivre le moment inconditionnel de la décision «par delà le Bien et le Mal». La nécessité de penser jusqu'en ses ultimes conséquences la mort de Dieu nourrit une critique radicale de la modernité démocratique dont Nietzsche montre qu'elle n'est qu'une forme sécularisée et vulgaire de pensée théologique. Cette critique s'inscrit dans une démarche généalogique: elle s'attache à débusquer tout vestige de «platonisme», chrétien ou non, c'est-à-dire à dissiper les vestiges fantomatiques de Dieu et de la transcendance dans un monde sécularisé qui se croit éclairé par le Progrès et la Science.

Brandi contre le caractère architectonique du principe de causalité, le perspectivisme nietzschéen explique et justifie le déplacement du centre de gravité, en cohérence avec la quête généalogique des valeurs morales qui représente la plus efficace des armes de guerre contre les «idoles». Au cœur même de la démarche, le principe de hiérarchie vise à creuser les inégalités, différencier et évaluer en remontant aux origines, en débusquant le poids de la filiation, au sens large, qui se dissimule derrière les masques hypocrites du présent nivelé: «en cette époque vulgaire, l'esprit noblement né doit mettre la pensée de la hiérarchie au commencement de chacune de ses journées: c'est là que résident ses devoirs, là que son errance emprunte les plus fins dédales». Ainsi la modernité individualiste égalitaire est-elle prise à revers par ce qu'elle exclut: l'ordre hiérarchique. Mais comment la société aristocratique peut-elle subsister sans le sacré? L'un des premiers exégètes de Nietzsche, Alfred Fouillée, avait suggéré la présence obsédante de cette aporie contre laquelle vient buter la vision hiérarchique: Nietzsche, écrivait-il, «est un Joseph de Maistre qui croit au bourreau sans croire au Pape».

Supplice, péché, pénitence, châtiment, compensation, réparation, vengeance, crime, criminel, rétribution, sacrifice, cruauté: tous ces termes forment la trame des analyses développées dans la Généalogie de la Morale (1888). L'objectif premier de cette «herméneutique plurielle» que Nietzsche propose pour la justice et le droit, c'est la reconquête d'une indétermination par rapport aux sens clos et assurés qui permette la démystification interprétative des liens entre le châtiment et la faute, la culpabilité et la mauvaise conscience. La pensée hiérarchique incite à relire l'histoire de la sanction ainsi que de toute fonction ou institution humaines comme l'histoire des interprétations imposées par une volonté à une autre, c'est-à-dire comme des jeux de forces toujours en opposition ou accord instable (principe agonal). Chaque élément n'y prend sa place que relativement, par rapport à un autre et dans un ensemble qui les structure. Ce qui implique une critique sans appel de l'utilitarisme, et plus généralement, de toute théorie visant à juger des institutions en fonction de leur utilité sociale. Pour Nietzsche, l'utilitarisme confond l'origine et la finalité, il projette sur le but du droit ce qui relève de sa source, il assigne à chaque phénomène une seule interprétation possible, qui lui est fixée par sa finalité: «… on s'est imaginé que le châtiment avait été inventé pour châtier».

Corrélativement, la vision hiérarchique, aux antipodes de l'individualisme anthropologique qui, issu du dogme chrétien de l'égalité des âmes, constitue le substrat de la modernité, conçoit les actes non comme les résultats d'une inspiration individuelle, bonne ou mauvaise, mais d'une interaction de forces relevant d'une assignation héréditaire: l'aristocrate *(der vornehme Mensch)* par exemple, est le produit d'une «longue patience», du dressage des corps, au fil des générations, par les contraintes de l'étiquette qui façonne l'être en soulignant ce qu'il incarne. La notion de «responsabilité» est donc tout aussi relative et contestable que celle de «mérite» car elle repose sur un critère strictement individualiste, la croyance en un libre arbitre qui suppose que tout acte distinct est isolé et indivisible. La perspective hiérarchique, elle, ne voit dans l'acte que ces «conflits et ces détresses de l'âme dans lesquels on est ballotté de ci de là par divers motifs jusqu'au moment de se décider enfin pour le plus puissant – à ce qu'on dit (mais jusqu'au moment, en réalité, où c'est le motif le plus puissant qui décide de nous)».

L'idée essentielle qui sous-tend les analyses de Nietzsche, c'est la remise en question de la validité des principes de «substance», d'«identité» et de «causalité». Le perspectivisme nietzschéen récuse la notion de sujet «autonome» au sens kantien, sujet du devoir volontaire du point de vue de la raison pratique, qui se définit par sa capacité à accéder à une réflexion et une action rationnelles et autonomes en se soumettant volontairement à l'impératif catégorique. Pour Nietzsche, cette conception relève d'une réification essentialiste du moi qui constitue le trait distinctif de toute métaphysique. Cette réification porte deux caractères principaux: la séparation entre le moi sujet de la connaissance et le monde objet de la connaissance; la séparation entre le moi transcendantal et le moi empirique. Cette double séparation conduit à abstraire le moi des conditions contingentes de la subjectivité humaine, mais aussi à affirmer que l'activité cognitive opérée par le sujet relève de l'universel. Or selon Nietzsche, la fonction cognitive n'est pas séparable de la constitution affective ni de la physiologie. Le «bien en soi» doté du caractère d'impersonnalité et d'universalité n'est qu'élucubration et «chinoiserie koenigsbergienne». Cette erreur d'appréciation – il faudrait plutôt parler d'illusion d'optique – trouve sa source dans le langage, dont l'origine remonte aux temps de la forme la plus élémentaire de psychologie, d'une «mentalité grossièrement fétichiste qui ne voit partout qu'actions et êtres agissants, elle croit à la volonté comme cause; elle croit au moi, au moi en tant qu'Etre, au «moi» en tant que substance, et elle projette sur tous les objets sa foi en la substance du moi».

Il en résulte que la «responsabilité» est une illusion: nos actes nous sont inconnus. Il n'existe pas de «savoir de l'essence d'une action», ni de volonté comme cause agissante et déterminante; ce qu'il est convenu d'appeler «conscience», «sujet», «moi» ne constituent que des constructions à partir de ce que l'on tient pour un fait d'expérience, «le caractère causal de la volonté» qui trahit une approche religieuse et métaphysique. La lecture généalogique des actions invite à interpréter la volonté comme un combat incessant d'affects qui se hiérarchisent selon qu'un de ces affects a pris le dessus sur les autres. Si nos actions ne sont pas la conséquence d'une intention particulière, il n'y a donc rien qui pourrait juger, mesurer, comparer, condamner notre être. Entre les bonnes et les mauvaises actions, il n'existe pas de «différence d'espèce, tout au plus de degré». L'homme «agit toujours bien», au sens où quoi qu'il fasse, il vise toujours sa propre conservation ou son plaisir: c'est là reconnaître et accepter «l'innocence du devenir».

Surmonter l'obsession d'une recherche de causalité impose par conséquent une redéfinition de la sanction, nécessaire pour prévenir le renouvellement d'actes nuisibles à la société. Il ne s'agit pas tant de punir un coupable présumé responsable de son acte que de rendre aux contrevenants, par le biais de l'institution judiciaire, leur dû. En effet, l'intérêt de l'humanité l'exige: si les sanctions disparaissaient, les motifs les plus puissants qui détournent de certaines actions et poussent à certaines autres disparaîtraient du même coup. «Rendre son (leur) dû»; l'expression se réfère au terme allemand de *Schuld* dont Nietzsche, philologue averti, développe longuement dans la Généalogie de la Morale la polysémie significative: *Schuld* désigne la «dette», y compris au sens matériel, mais aussi la «faute» ou la «culpabilité». Ce qui, selon lui, met en évidence un phénomène aux conséquences particulièrement négatives: le processus d'intériorisation de la «dette» qui a inculqué la mauvaise conscience et retourné l'homme contre lui même; «alors que le créancier tient sous sa coupe le débiteur, tout en lui restant extérieur, la culpabilité intériorise l'accusation et la rend du coup insaisissable, fluctuante, obsessionnelle, sans terme prescrit».

Cette moralisation de la justice est l'œuvre des «prêtres ascétiques» qui se sont efforcés de rendre l'humanité «responsable» au sens où ils l'entendent, c'est-à-dire en éveillant le sentiment de la culpabilité, donc du remords chez le criminel; l'Eglise chrétienne a joué un rôle essentiel dans ce que Nietzsche appelle une «spiritualisation de la cruauté»: «la représentation de l'enfer, les tortures et l'Inquisition, les autodafés sont tout de même un grand progrès par rapport à la boucherie splendide mais à moitié stupide des arènes romaines». Dans une note du printemps 1888, Nietzsche détaille les étapes qui marquent l'évolution du sens et de la fonction attribués au châtiment, évolution qui tend vers une dépersonnalisation corrélée à une objectivation de l'acte; ultime forme de l'intériorisation, la «culpabilité» prolongée dans l'au-delà – les tourments de l'enfer – témoigne d'une subtilité et d'un raffinement croissants dans l'exercice de la vengeance, apanage de la caste des prêtres.

Partout où l'on a cherché des responsabilités, c'est l'instinct de vengeance qui était en quête. [...] Il en a rendu malade jusqu'à Dieu, il a fait perdre à l'existence son innocence. [...] Toute la théorie de la volonté, cette falsification la plus fatale de la psychologie jusqu'à présent, fut essentiellement inventée à des fins de vengeance. C'est l'utilité sociale du châtiment qui garantissait à cette idée sa dignité, sa puissance, sa vérité. Les responsables de la psychologie antique – de la psychologie de la volonté – il faut les chercher dans les classes qui avaient entre leurs mains le droit pénal, et avant tout dans la caste des prêtres, à la tête des plus anciennes communautés: ils voulaient s'accorder un droit de se venger – ou bien ils voulaient accorder à Dieu un droit à la vengeance. A cette fin, l'homme fut conçu «libre»; à cette fin, il fallait que toute action fût conçue comme voulue, l'origine de toute action comme résidant dans la conscience.

La polysémie dette/culpabilité éclaire donc les origines de la sanction et de l'institution judiciaire. La prévalence du concept de hiérarchie qui confère à l'œuvre de Nietzsche sa cohérence interne détermine la perspective. On rappellera que la pensée de la hiérarchie, essentiellement inégalitaire, subordonne étroitement l'individu à la communauté (holisme) où s'exerce la puissance dominatrice de la tradition: «Qu'est ce que la tradition? Une autorité supérieure à laquelle on obéit, non parce qu'elle ordonne ce qui nous est utile, mais parce qu'elle ordonne». Dès lors, la «moralité» n'est rien de plus et rien d'autre que l'acceptation et l'intériorisation des mœurs, en d'autres termes l'obéissance aux normes communautaires, quelles qu'elles soient, c'est-à-dire à la façon traditionnelle d'agir et d'évaluer: telle est l'origine de la civilisation. Ce qui en effet importe, c'est le mécanisme de dressage *(Züchtung)* d'autant plus efficace qu'il est cruel, le processus multiséculaire d'éducation qui, aux antipodes de la représentation rousseauiste de l'homme originellement et spontanément bon, crée les conditions d'avènement de l'homme à lui même: la «rencontre d'une loi cruelle, torturante et inflexible qui apporte la perturbation aux affects et les réordonne en fonction d'une volonté sociale extérieure à laquelle l'individu doit se soumettre».

Ce dressage repose sur un carcan de contraintes qui inculquent au «fauve humain» livré à l'instantanéité l'obligation de «tenir ses promesses» en lui faisant sentir physiquement et psychologiquement le poids de la loi: la relation de dette, foncièrement inégalitaire, entre le créancier et le débiteur – autrement dit, entre la communauté et l'individu – fait accéder l'humanité à la temporalité. Promettre, anticiper, intérioriser la loi participe de l'apprentissage de l'ordre communautaire. C'est au créancier, force hiérarchiquement supérieure et arbitraire qu'il incombe de châtier le débiteur négligent, c'est-à-dire le criminel, celui qui ose attaquer le créancier, celui qui n'a pas tenu ses promesses. La notion de «mémoire», déconnectée de toute référence moralisante, est fondamentale: c'est le châtiment qui est à l'origine de la «justice», et non l'inverse – on sait que Nietzsche définit son projet généalogique comme un «platonisme inversé».

Les supplices infligés au «criminel», c'est-à-dire à celui qui a enfreint l'ordre communautaire, sont la manifestation douloureusement et immédiatement sensible d'une hiérarchie qui s'applique à exacerber le sentiment d'infériorité, à exercer une cruauté qui scelle le lien d'interdépendance entre victime et bourreau. La communauté contraint l'individu à réparer le tort qu'a entraîné son acte: le châtiment infligé rétablit l'équilibre qui est la base de toute justice, il réaffirme la suprématie de la communauté dont le coupable s'est écarté. La volonté de faire souffrir, de graver dans les corps suppliciés le sens de la durée, de la promesse et de la dette – la «mémoire» au sens quasi-physiologique du terme – est inscrite dans «l'héritage phylogénétique de l'espèce humaine, trace d'une idiosyncrasie archaïque dont elle témoigne». La cruauté (de *cruor*, le sang, sang qui coule en symbole de vie, mais aussi sang que l'on fait couler) est une vertu hiérarchique ancrée dans le sacré: le spectacle du martyre, des supplices procure la volupté suprême, celle qui donne le plus profond sentiment de puissance *(Machtgefühl)*. Les rites sacrificiels et mythes religieux (Orphée déchiqueté par les Ménades) rappellent que l'origine est placée sous le signe de la violence, au delà du Bien et du Mal; ils expriment sous une forme symbolique une conception tragique dionysiaque de l'existence: «la cruauté ouvre à l'expérience violente du sacré dont le lieu d'épreuve est le corps».

En résumé: la «domestication du fauve humain» et son insertion dans une communauté exigent qu'il soit capable de «mémoire», laquelle ne peut résulter que de l'épreuve physique de la douleur: c'est pourquoi la justice s'identifie à un appareil de vengeance, un système de tortures que se sont peu à peu appropriés des instances spécialisées – les tribunaux, les juges: «Celui auquel on a porté préjudice veut toujours se venger, abstraction faite de la manière dont on pourrait réparer ce préjudice, et il s'adresse pour cela aux tribunaux, – voilà ce qui assure encore provisoirement le maintien de notre abominable code criminel, avec sa balance d'épicier et sa volonté de compenser la faute par la peine».

Il faut se garder d'en conclure que Nietzsche adopte là la posture d'un libertaire anarchisant qui attribuerait aux «tares sociales» les défaillances des individus. Au contraire: la subordination à l'ordre communautaire est la condition indispensable à l'avènement d'une «haute culture» créatrice qui sacrifie sans pitié la masse asservie à la satisfaction des besoins matériels des âmes «nobles» ou «aristocratiques»; Nietzsche tourne en dérision la notion de «droits de l'individu» ou «droits de l'homme». L'organisation sociale holiste ou communautaire – système de domination exercé en vertu de ce qu'on est et non de ce qu'on fait – n'est que le «soubassement et la charpente qui permettent à une élite de se hausser à ses devoirs supérieurs, à la réalisation d'un être plus élevé». Dans cette perspective, le regard porté sur le crime et le criminel change du tout au tout.

A la fin de l'année 1888, le procès de l'assassin Prado suscita une vive émotion en France dont on trouve d'abondants témoignages dans la presse, en particulier le Journal des Débats; on sait que Nietzsche en était un lecteur attentif. Ses notes de lecture révèlent son vif intérêt pour l'affaire; la teneur générale des commentaires inspirés par la personnalité de Prado, tels que Nietzsche les résume, met à jour l'ambivalence des représentations du criminel dans le contexte de l'époque «fin de siècle». La diffusion, via la presse à grand tirage, de la peur suscitée par les criminels accrédite la conviction que la société doit se protéger contre les tares héréditaires par la stérilisation des débiles et dégénérés. Les commentateurs soulignent à l'envi que les institutions de la société moderne accélèrent le déclin de la race; la vogue de la physiognomonie, accentuée par les progrès de la photographie, exprime la préoccupation archiviste d'une société qui découvre les «papiers d'identité» destinés tout d'abord à répertorier et isoler les criminels. Dégénéré à éliminer ou, dans le cas de Prado, individu exceptionnel en lutte contre une société «décadente», le criminel se situe en marge de l'ordre social égalitaire qui nivelle les aspérités individuelles.

On trouve un écho de ces articles dans *Le Crépuscule des Idoles* où Nietzsche assimile le type du criminel à l'homme fort placé dans des conditions défavorables qui l'ont «rendu malade» et ont mis ses «vertus» au ban de la société. «Ce qui lui manque, c'est la jungle, une nature et un mode de vie plus libres et plus dangereux, qui légitime tout ce qui, dans l'instinct de l'homme fort, est arme d'attaque et de défense». La différence entre l'acte de l'individu d'exception et l'acte du criminel tient surtout aux circonstances et aux rapports de force. Le grand homme doté d'un charisme éruptif, c'est celui qui «peut commander, qui est un ‹maître› par nature, violent dans ses œuvres et dans ses gestes», qui surgit comme la foudre: Napoléon en est l'archétype de ces héros, «trop terribles, trop soudains, trop convaincants, trop ‹différents› pour qu'on puisse même les haïr». Leurs actes ne sauraient être jugés à l'aune des normes imposées à la masse: «Le sens du troupeau doit régner dans le troupeau, – mais ne pas déborder au-delà: les conducteurs du troupeau ont besoin de critères foncièrement différents pour évaluer leurs propres actions».

Mais lorsque le rapport de forces s'inverse, l'individu d'exception est condamné à vivre dans le monde «souterrain» du hors caste, du paria. Nietzsche avait lu avec une vive admiration les *Notes d'un souterrain* de Dostoïevsky; dans ce témoignage, le grand écrivain russe décrivait ses années de bagne en Sibérie aux côtés de forçats condamnés pour crimes capitaux. Or ces criminels étaient, note Nietzsche citant Dostoïevsky dans le *Crépuscule des Idoles*, «taillés dans le bois le meilleur, le plus dur et le plus précieux qu'ait jamais produit la terre russe». On comprend pourquoi le châtiment, loin d'atteindre l'objectif recherché et de rendre l'homme «meilleur», n'a pour effet que de le rendre plus méfiant, plus rusé… Face aux actes de violence et de cruauté exercés par l'appareil judiciaire, le châtié est en effet conduit à inventer des stratagèmes pour se défendre par tous les moyens.

L'autre figure du criminel en paria affranchi des normes, c'est le malade. Selon Nietzsche, les malades comme les criminels exposent la société à un même type d'inconvénients et de dommages: ils répandent soucis et mauvaise humeur, sont improductifs et se bornent à consommer le travail des autres. La société archaïque, rappelle Nietzsche, exerçait une vengeance sur les malades accusés d'incarner les forces démoniaques et de mettre en danger la communauté, ce qui aujourd'hui, apparaît comme une réaction «dénaturée»: on s'efforce au contraire de les protéger et soigner. En ce qui concerne la perception et le traitement du criminel, une évolution similaire serait souhaitable: il conviendrait de penser le problème non plus en termes de morale, mais de «physiologie» et rechercher non le châtiment, mais la «guérison». «On doit balayer les remords de son âme (= du criminel) comme une chose malpropre et lui suggérer les moyens de réparer et même de compenser largement le préjudice qu'il a pu causer à quelqu'un envers quelqu'un d'autre ou même envers la communauté». Comme le malade, le criminel devrait donc «changer d'air, de cadre, d'occupation», il serait surveillé «afin d'être protégé de lui-même et d'un pénible instinct tyrannique».

Quant au «criminel incurable», devenu pour lui-même un objet d'horreur, il faudrait lui offrir l'occasion de se suicider. Ainsi s'inverserait la perspective «platonicienne» qui alimente cette mauvaise cruauté, essentiellement réactive, des âmes viles que Nietzsche appelle «ressentiment»: à la conviction primitive que «tout malade est un coupable» se substituerait l'idée salutaire que «tout coupable est un malade». Nietzsche admet toutefois que la société contemporaine ne dispose pas de «médecins» en nombre suffisant, c'est-à-dire «de sociétés secrètes d'hommes qui se seraient engagés entre eux à renoncer à l'aide des tribunaux ainsi qu'à la punition et à la vengeance des offenses reçues». Se débarrasser du vieil instinct de vengeance et de croyance en la faute allègerait considérablement la vie: «Chassons du monde le concept de péché – et envoyons vite le concept de punition le rejoindre!».

Il s'avère toutefois que la société démocratique égalitaire est plus éloignée que jamais de concevoir un châtiment épuré de toute idée de culpabilité. La «douceur démocratique», pour reprendre une expression de Tocqueville qui s'applique parfaitement aux analyses de Nietzsche, rend l'homme «faible, mais bon et tranquille». Le contrôle social s'exerce au nom de l'idée du semblable et égal, à l'opposé du principe hiérarchique d'accentuation et de pérennisation des différences que Nietzsche appelle «pathos de la distance». L'individu de la société démocratique ne voyant que son semblable, il recourt inévitablement aux généralités, aux règles communes, à l'abstraction. Cette passion identifiante à l'œuvre dans la démocratie – Nietzsche et Tocqueville convergent sur ce point – conduit à valoriser exclusivement les notions communes à tous les hommes, celles qui tendent à se rapprocher de l'«universellement humain» et des idées générales de Bien et de Mal: la démocratie égalitaire est bien une version sécularisée du christianisme.

L'homme démocratique, fatigué, avide de droit(s) vécu(s) sur le mode collectif n'aspire qu'à se soumettre à un ordre lui assurant la tranquillité dans la jouissance assurée à chacun. Cette conception de la «liberté» se situe aux antipodes de la liberté de l'homme supérieur qui se définit comme la volonté d'être responsable de soi: elle n'est pas un bien acquis, mais une pure dynamique, une tension de toutes les énergies créatrices. Corrélativement, la démocratie entraîne une dépersonnalisation du pouvoir: l'Etat moderne, omniprésent et tutélaire – encore un point de convergence entre Nietzsche et Tocqueville – veille à «mettre la société à l'abri des voleurs et de l'incendie, la rendre infiniment commode pour toutes espèces de commerce et de relations et transformer l'Etat en une Providence, au bon et au mauvais sens – ce sont là des buts inférieurs, médiocres et nullement indispensables». L'idée que la justice trouverait sa source dans l'égalité attise les convoitises et l'envie, cette passion éminemment démocratique, pour, in fine, détruire la relation créancier/débiteur qui ne saurait être qu'inégalitaire et hiérarchique. Or pour Nietzsche, le principe de la justice, c'est de ne jamais égaliser ce qui est inégal. Du coup, il accuse la société du libéralisme démocratique de se laisser gagner par une «déliquescence» qui est la conséquence inévitable de la foi égalitaire: on voit alors la société qui «prend elle-même parti, en tout sérieux et honnêteté, pour celui qui lui porte atteinte, pour le malfaiteur. Punir lui paraît inique pour une raison ou pour une autre – ce qui est certain, c'est que l'idée de ‹châtiment›, l'idée d'‹avoir à châtier›, lui fait mal, la remplit d'horreur». La justice qui a commencé par poser en règle que tout peut être payé, et que tout doit se payer, finit par fermer les yeux et laisser courir l'insolvable; elle s'abolit elle même.

En conclusion, il apparaît que Nietzsche perçoit le droit et la sanction comme des principes d'organisation sociale absolument nécessaires. Aucune société ne peut en effet subsister sans l'imposition autoritaire de règles de droit fixant les normes auxquels les individus doivent être strictement soumis. Lesquelles règles ne sauraient prétendre être autre chose que des aménagements limités et circonstanciés qui permettent l'édification d'une société et d'une culture. Elles relèvent donc de l'apollinien, principe en tension féconde avec les forces dionysiaques et ténébreuses de la vie, dont Nietzsche rappelle qu'elle est foncièrement exploitation et violence tragiques. Les restrictions et contraintes imposées par les règles juridiques ne sont créatrices que dans la mesure où elles ne prétendent pas trouver leur légitimation et leur source dans un hypothétique arrière-monde: c'est à cette condition qu'elles peuvent agir comme les garde-fous qui, en contenant les manifestations incontrôlées de la vie, la renforce, la rendent plus dense, plus profonde.

Le renouveau du droit pénal allemand sous l'influence des Lumières

UWE HELLMANN

Professeur à l'Université de Potsdam

Bien que ma conférence ait pour objet le droit pénal allemand sous l'influence des Lumières, je dois évoquer qu'une Allemagne réunie n'existait pas encore aux 17ème et 18ème siècles. Après le traité de Westphalie de 1648 l'Allemagne était fragmentée en 300 petites principautés *(Kleinfürstentümer)*. C'est pour cette raison que je ne peux pas procéder à la description d'un développement homogène.

L'image deviendrait encore plus nuancée si l'on ajoutait l'Autriche à «l'espace du droit pénal» allemand. Dans ce cas, même Marchese Cesare Beccaria (1738-1794), célèbre savant milanais – dont l'œuvre fondamentale «*Dei delitti e delle pene*» a fortement influencé la science pénale et la pratique du droit criminel européennes – en ferait partie, car à l'époque, Milan appartenait politiquement à l'Autriche et Beccaria était membre de la commission chargée de la réforme du droit pénal autrichien. Bien entendu, je ne vais pas revendiquer Beccaria comme faisant partie intégrante de la science pénale allemande ou autrichienne, mais l'apprécier en tant que réformateur italien important.

1. Les idées des Lumières dans la théorie du droit pénal allemande

En Allemagne, les fondements théorétiques du nouveau droit pénal ont surtout été créés par Samuel Freiherr von Pufendorf (1632-1694) et Christian Thomasius (1655-1728).

Pufendorf fut le fondateur de la nouvelle théorie du droit pénal reposant sur la culpabilité pour faute d'intention: l'autonomie de la volonté de l'homme serait le présupposé d'une peine de sorte qu'un acte ne pourrait être imputé à l'homme que s'il était commis de façon libre et consciente. L'acte ne pourrait pas être imputé à l'auteur qui n'aurait pas décidé librement.

Pufendorf considérait comme non imputables les actes commis en légitime défense et en état de nécessité. Même la valeur contraignante des lois prendrait fin dans un cas d'état de nécessité.

En outre, Pufendorf créa une théorie moderne relative à l'objectif de la peine. Il refusait le caractère de représailles («œil pour œil, dent pour dent») et considérait la prévention criminelle et la réalisation du bien public (la raison d'Etat) comme étant les objectifs réels de la peine.

En considérant la peine prévue comme moyen d'exercer une astreinte morale sur la décision de l'homme, Pufendorf anticipait la théorie de Johann Paul Anselm von Feuerbach (1775-1833), qui – 100 ans plus tard – allait développer la théorie de la prévention collective et ainsi créer le fondement du droit pénal de l'Etat de droit civil.

Thomasius fut le pionnier de la lutte contre les inconvénients de la justice pénale de son époque. Il se tourna contre les éléments constitutifs de l'infraction de la bigamie, de la sorcellerie et de l'hérésie – infractions fondées sur une base religieuse –, dont il contestait le caractère délictuel. Notamment sa lutte contre la croyance aux sorcières, qui coûtait la vie à environ 25 000 personnes, dont 80% de femmes, porta peu après ses fruits, tout en sachant que la dernière exécution d'une prétendue sorcière en Allemagne eut lieu en 1775 à Landshut.

La critique de Thomasius concernant la torture fut encore plus efficace. Dans une thèse de doctorat impulsée par Thomasius, son élève condamna explicitement la torture. Cette œuvre influença fortement le développement de la procédure pénale du 18ème siècle.

Par conséquent, les idées du droit pénal reposant sur la culpabilité pour faute d'intention et de la prévention en tant qu'objectif de la peine ainsi que la justification des éléments constitutifs de l'infraction à l'aide de considérations rationnelles et le développement d'une procédure pénale constitutionnelle en Allemagne sont principalement dus à Pufendorf et Thomasius.

2. La législation réformatrice dans le domaine du droit pénal et du droit de la procédure pénale

En raison de la fragmentation en de nombreux états, un développement homogène de la législation sous l'influence des Lumières n'a pas pu se produire en Allemagne.

a. Le Royaume de Prusse

La Prusse, où une transformation fondamentale de la justice pénale s'engageait du fait de l'arrivée au pouvoir de Frédéric le Grand (1740), fut donc le pionnier de la législation réformatrice. Il fallut certes attendre encore 54 ans jusqu'à la création en 1794 d'une codification générale à travers *l'Allgemeine Landrecht für die preußischen Staaten* (Code général pour les Etats prussiens), toutefois de multiples lois transformèrent considérablement le droit pénal et le droit de la procédure pénale prussiens.

Quelques jours après son arrivée au pouvoir, Frédéric le Grand abolit la torture pour la poursuite de la plupart des infractions – la torture étant un des piliers principaux de la procédure inquisitoire. Ce n'était que pour les cas de haute trahison et de meurtres aggravés provoquant la mort de nombreuses personnes que la torture resta autorisée. L'abolition définitive de la torture eut lieu dans les années 1754 et 1756. La phrase suivante revient à Frédéric le Grand: «Il vaux mieux acquitter vingt coupables que condamner un innocent». En 1776, une indemnisation équitable pour des personnes innocentes arrêtées fut introduite.

Pas à pas, le droit pénal matériel fut également réformé: Les peines furent partiellement adoucies et les aggravations de peine (traîner le corps vif jusqu'au lieu d'exécution, *«Zangenreißen»*: couper la main) en cas de condamnation à mort ne furent plus appliquées.

En plus de cela, il y avait ordre d'étrangler le condamné – à l'insu du public – dans le cas d'exécutions graves de la peine capitale (rouer ou brûler). En transformant certaines condamnations à mort en condamnations d'emprisonnement, l'application du droit de grâce fut renforcée, de sorte qu'en Prusse, le nombre d'exécutions se réduisit à 14-15 cas par an.

La préoccupation du roi était d'adoucir les peines cruelles. Les crimes devaient certes être soumis à une peine dans un objectif de maintien de l'ordre, mais «une juste proportion entre le crime et la peine» devait être trouvée.

Ces mesures fondèrent la codification complète du nouveau droit pénal matériel prussien dans l'*Allgemeine Landrecht*, qui n'entra en vigueur qu'après la mort de Frédéric le Grand en 1794. La loi réglementait le droit pénal en 1577 articles. Certes, le caractère fondamental de la loi se trouvait dans une large mesure sous l'influence des Lumières, mais cette loi contenait des éléments importants de régime policier en ce qu'elle prévoyait un nombre considérable de mesures en vue de la prévention du crime.

A côté des peines au sens propre, la loi ordonnait l'infliction de mesures de sûreté à l'égard des mendiants, des vagabonds et des fainéants ainsi qu'à l'égard des voleurs et des autres coupables pouvant devenir dangereux pour la communauté en raison de leur disposition à être criminel.

L'*Allgemeine Landrecht* ne poursuivait aucun objectif de peine unique, mais la peine était censée servir aussi bien la prévention individuelle en influençant le coupable pour l'empêcher de commettre des infractions supplémentaires et pour protéger la communauté, que la prévention collective en dissuadant la communauté de commettre des infractions. Pour l'auteur de l'*Allgemeine Landrecht* Carl Gottlieb Svarez la moralisation du coupable était un objectif secondaire de la peine.

La loi ne reformait pas l'ensemble du droit traditionnel, toutefois l'attitude fondamentale réformiste était prédominante. Bien que l'*Allgemeine Landrecht* eût prévu la peine capitale en cas de plusieurs délits – dans des formes différentes (rouer, décapiter, brûler, pendre) – la peine privative de liberté était mise au premier plan.

Dans sa globalité, la loi contenait de multiples règles de l'Etat de droit: L'autonomie de la volonté était la condition de la peine, de sorte que seuls les actes et omissions libres et contraires au droit étaient punis. La peine prévue était plus douce en cas de tentative qu'en cas de consommation d'une infraction. Le désistement volontaire de la tentative et la dénonciation des co-inculpés pour empêcher la réalisation du délit donnaient droit à la grâce. La participation à l'infraction était réglementée de façon détaillée, l'ivresse était qualifiée en détail. La justification par légitime défense et par état de nécessité fut reconnue et étroitement encadrée.

La loi prévoyait des règles spéciales pour la défense aux atteintes du domicile. Elle différenciait les peines des mesures de sûreté et d'éducation. Elle permettait d'envoyer des voleurs récidivistes et des criminels dangereux déjà condamnés dans un camp de travail pour protéger la communauté jusqu'à leur moralisation et la justification que le condamné gagnerait sa vie de façon légale.

En 1805, une nouvelle réglementation du droit de la procédure pénale fut mise en place à l'aide du code criminel des états prussiens. La procédure inquisitoire fut fortement assouplie, mais pas abolie. L'aveu était l'une des preuves les plus importantes. Après l'abolition de la torture, les autres pratiques violentes utilisées pour que le suspect passe aux aveux furent également interdites.

Cependant le principe *«nemo tenetur se ipsum accusare»* ne fut pas complètement réalisé, car des astreintes et des peines de mensonge pouvaient être ordonnées par le corps judiciaire dans le cas où un accusé contesterait ou mentirait.

La défense de l'accusé restait fortement restreinte. Elle se limitait au dépôt du mémoire en défense. L'avocat à la défense ne pouvait intervenir qu'au moment de l'interrogatoire final de l'instruction.

L'instruction et la décision de justice étaient séparées. Dès la fin de l'instruction, le juge d'instruction envoyait les dossiers à la juridiction de jugement. Celle-ci était obligée d'acquitter l'inculpé si son innocence était prouvée ou s'il n'y avait pas d'action punissable. En cas d'acquittement au bénéfice du doute, il était possible de rouvrir la même procédure; cela signifie que le principe *«ne bis in idem»* n'existait pas.

Si l'éclaircissement de l'acte n'était pas possible, mais qu'il restait un soupçon contre l'accusé, celui-ci pouvait être mis sous contrôle judiciaire et la procédure pouvait être rouverte à tout moment sous condition de circonstances considérables ou preuves qui n'étaient pas constatées antérieurement.

En cas de soupçon plus fort, une peine extraordinaire était autorisée; cependant celle-ci ne pouvait pas être étendue jusqu'à la peine capitale ou à la réclusion criminelle à perpétuité.

Le code criminel conservait néanmoins l'institution caduque de la peine de soupçon. Le condamné avait un moyen de recours, à savoir celui de la défense continue, et la loi permettait la réouverture de la procédure si l'accusé avait de nouvelles preuves ou s'il pouvait développer qu'un acte contrefait ou la déposition d'un témoin corrompu étaient à la base de la condamnation.

Par ailleurs, l'exécution des peines fut réformée en Prusse au début du 19ème siècle. En 1811 et 1812, l'exécution de la peine capitale par le châtiment de la roue et l'exécution sur le corps du coupable ont été respectivement abandonnées. Dès 1805, le châtiment corporel fut limité et même interdit à l'égard des femmes.

Cependant, l'amélioration nécessaire à apporter aux conditions inhumaines des prisons prussiennes se montrait impraticable pour le moment. Le gouvernement prussien s'accorda donc avec le gouvernement russe sur la possibilité d'envoyer des délinquants graves en Sibérie. Cet accord de 1801 échoua en raison des dépenses trop lourdes et parce qu'une partie des déportés parvint à rentrer en Prusse où ils continuèrent à poser des problèmes à la police. En outre, le gouvernement russe refusait des déportations supplémentaires.

Un nouvel essai d'une réforme pénitentiaire en Prusse n'en resta d'abord qu'à la phase de la planification.

Dans l'ensemble, il faut constater qu'en Prusse, quelques idées des Lumières trouvèrent leur place dans les lois de la réforme du droit pénal matériel et de la procédure pénale et entraînèrent une amélioration de l'exécution des peines. Cependant, une application complète et conséquente n'existait pas. Des éléments essentiels du vieux droit pénal résistaient aux lois réformatrices.

Le code pénal prussien de 1851 contenait des réformes essentielles supplémentaires. Toutefois, l'évolution vers un droit pénal et un droit de la procédure pénale modernes et conformes à l'Etat de droit n'aboutit qu'après la formation du Reich allemand en 1871 à l'élaboration du code pénal et du code de la procédure pénale du Reich allemand.

b. La Bavière

En Bavière, la réforme du droit pénal sous l'influence des Lumières commença plus tard qu'en Prusse. Le prince électeur Maximilian Joseph (1799-1825) qui fut roi par la suite chargea Gallus Aloysius Kaspar Kleinschroth (1762-1824) de l'élaboration d'une codification. Celle-ci fut publiée en 1802 en tant que *«Entwurf eines peinlichen Gesetzbuches für die kur-pfalz-bayerischen Staaten»*.

Cette proposition était fondée en particulier sur la théorie de la prévention individuelle dans le sens des idées du régime policier étant répandue en Allemagne à la fin du 18ème siècle et qui avait trouvé sa place dans la législation prussienne. Le projet fut fortement critiqué par Johann Paul Anselm von Feuerbach (1775-1833), qui, en 1804, fut chargé de l'élaboration d'un nouveau projet. Après de longues délibérations du corps législatif et du gouvernement bavarois, le code pénal entra en vigueur en 1813.

Dès 1806, la torture fut abolie en Bavière sous l'influence de Feuerbach. L'approche de Feuerbach était marquée par la prévention collective: Il considérait la peine comme un mal prévu et infligé par la loi, qui avait pour but d'empêcher tous les citoyens en tant que violateurs potentiels du droit de violer celui-ci.

Cette théorie entraîna le caractère unilatéral de la science de la culpabilité et une distension de l'imputabilité. Elle rendit nécessaire le principe *«Nulla poena sine lege, nulla poena sine crimine, nullum crimen sine poena legali»*. Ainsi, Feuerbach créa un fondement essentiel d'un droit pénal conforme à l'Etat de droit. Le code pénal du royaume de Bavière comprenait deux parties. La première contenait le droit pénal matériel, la seconde le droit de la procédure pénale.

La loi divisait les infractions en crimes, délits et contraventions selon leur gravité et les peines prévues et ne réglementait que les crimes et les délits. En ce qui concerne les contraventions, une loi spéciale était prévue mais ne fut pas adoptée.

En raison de la théorie fondamentale du découragement, les peines prévues étaient lourdes. Pourtant, la loi évitait les cruautés spéciales comme les peines de mort qualifiées et les peines de mutilation. Les peines étaient les suivantes: la peine capitale exécutée en la forme de la décapitation, la *«Kettenstrafe»* (le condamné était enchaîné), la *«Zuchthausstrafe»* (qui est une sorte de peine de prison assortie à du travail forcé), le camp de travail, des peines infamantes et des peines humiliantes, le châtiment corporel, des peines d'emprisonnement et des peines pécuniaires.

La confiscation des biens et l'expulsion n'étaient pas applicables à l'égard des sujets bavarois. Le seul durcissement de la peine capitale était la mise au pilori avant l'exécution. La condamnation à la *Kettenstrafe* «mise aux fers» ne pouvait être infligée qu'à perpétuité. Le condamné devait effectuer tous les travaux durs et il subissait «la mort civile», c'est-à-dire qu'il perdait la capacité de posséder des biens et d'ester en justice ainsi que le droit de se marier; un mariage existant était dissolu.

Quant au droit de la procédure pénale, Feuerbach ne réussit pas à faire adopter ses idées concernant l'amélioration de la procédure inquisitoire par l'introduction d'un accusateur ainsi que de l'immédiateté et de l'oralité de la procédure. Ces idées furent effacées lors des délibérations. Certes, Feuerbach identifia les défauts principaux de la procédure inquisitoire, mais l'heure de leur dépassement n'était pas encore venue.

Une réforme de l'exécution des peines aurait été nécessaire, car la peine d'emprisonnement avait atteint un rôle dominant. Comme en Prusse, cette réforme n'eut pas non plus lieu en Bavière.

Malgré tous ses défauts, le code pénal de Feuerbach devint le modèle de la législation pénale moderne non seulement en Allemagne mais aussi en Europe. Il y a lieu de souligner l'application stricte du principe *«nulla poena sine lege»*, la fixation des peines prévues ou des limites de la peine pour éviter des décisions arbitraires du juge et la détermination exacte des éléments constitutifs de l'infraction pour que tout le monde connaisse ce qui est interdit. C'est pour cette raison que les chercheurs en droit pénal du 19ème siècle regardèrent cette loi comme «le fruit le plus mûr des réflexions du droit pénal de l'époque».

Feuerbach avait formulé de façon prononcée et claire les définitions générales et les éléments constitutifs des infractions, comme jamais auparavant.

3. L'évolution vers le code pénal du Reich allemand

Le code pénal bavarois influença fortement les codifications en Allemagne. Cela fut également vrai pour le code pénal prussien de 1851. Celui-ci était complètement détaché de l'*Allgemeine Landrecht* de 1794 et réglementait le droit pénal matériel en 349 articles. Son article 2 énonçait expressément le principe «*nulla poena sine lege*» et la partie générale contenait des règles modernes concernant la tentative punissable, le fait d'être l'auteur d'une infraction et la complicité, les excuses absolutoires et atténuantes, la prescription extinctive et la pluralité d'infractions. Les éléments constitutifs de l'infraction étaient rédigés de façon précise.

Le code pénal prussien fut le modèle du code pénal de la confédération de l'Allemagne du Nord – élaboré dès 1868 par Heinrich von Friedberg– qui entra en vigueur en 1870 et resta dans un premier temps en vigueur après la formation de l'Empire allemand. Après quelques modifications rédactionnelles, il fut promulgué en tant que code pénal du Reich allemand le 15 mai 1871.

4. Le code de la procédure pénale du Reich allemand de 1877

Comme nous l'avons exposé, l'influence des Lumières sur le droit de la procédure pénale allemand fut dans un premier temps limitée. Certes, quelques défauts de la procédure inquisitoire furent éliminés, mais leur abolition complète échoua.

L'abandon du droit caduc de la procédure pénale fut impulsé par le développement français.

On introduisit la séparation de l'instruction et du jugement du crime en créant le ministère public soumis au principe de légalité. Les principes de publicité et d'oralité des débats étaient en vigueur. Des assises furent créées. Le droit à la défense existait mais n'était que faiblement développé.

Au moment de l'entrée en vigueur du code de la procédure pénale du Reich allemand, le développement du droit pénal allemand moderne était en grande partie terminé. Certes, le code pénal et le code de la procédure pénale du Reich allemand connurent de multiples modifications pendant les 140 années qui suivirent. Par exemple, le droit pénal matériel fut réformé en 1969 et 1974; quant au droit de la procédure pénale, des règles sur les droits de la défense, les mesures prises dans le cadre d'une instruction et la protection des victimes furent modifiées ou introduites.

Cependant, les structures des lois et leur orientation vers l'Etat de droit furent conservées.

5. L'importance des Lumières pour le droit pénal en vigueur

Les idées des Lumières ont laissé des traces sur le droit pénal allemand, comme sur tout droit pénal conforme à l'Etat de droit.

Le dépassement de la peine en tant que seul instrument de vengeance et l'orientation vers un droit pénal utilitaire et rationnel, l'abolition de la peine capitale et d'autres peines cruelles, le principe de légalité et le principe de spécialité, la substitution de l'arbitraire du juge par une procédure pénale qui n'abaisse pas l'accusé à être un simple objet mais qui lui garante le droit de refuser la participation et le droit à la défense n'étaient pas possibles sans les Lumières.

Les juristes qui ont – comme moi – grandi avec le droit pénal et le droit de la procédure pénale conformes à l'Etat de droit devraient considérer ces choses comme étant naturelles.

Le regard sur l'histoire allemande récente du droit pénal montre que cela n'est pas le cas. Pendant les douze années de barbarie nazie, ces acquis perdirent leur effectivité. Ainsi, l'un des premiers actes peu glorieux des nationaux-socialistes fut d'abolir le principe *«nulla poena sine lege»* pour violer le droit pénal en l'utilisant comme moyen d'arbitraire et en tant qu'anéantissement des concitoyens juifs et des adversaires politiques.

Et aujourd'hui, la torture est à nouveau utilisée par des Etats qui avaient refermé ce sombre chapitre il y a longtemps déjà.

La prise en considération des idées des Lumières peut encore aujourd'hui nous protéger face à de telles déviances en droit pénal.

Choix bibliographique

Carl Ludwig von Bar, *Geschichte des deutschen Strafrechts und der Strafrechtstheorien*: 1. (einziger) Band des Handbuchs des deutschen Strafrechts, Scientia Verlag, Berlin 1882 – 2. rééd.: Scientia Verlag, Aalen, 1992.

Heinrich Brunner; *Forschungen zur Geschichte des deutschen und französischen Rechts*,Verlag der J.G. Cotta'sche Buchhandlung, Stuttgart, 1894.

Friedrich Ebel (éd.), *Gemeinwohl- Freiheit- Vernunft- Rechtsstaat*; *200 Jahre Allgemeines Landrecht für die Preußischen Staaten* – Symposium der Juristischen Gesellschaft zu Berlin (27.-29. Mai 1994), Walter de Gruyter, Berlin, 1995.

Eric Hilgendorf & Jürgen Weitzel (éd.), *Der Strafgedanke in seiner historischen Entwicklung* – Ringvorlesung zur Strafrechtsgeschichte und Strafrechtsphilosophie, Duncker und Humblot, Berlin, 2007.

Mathias Schmoeckel, *Humanität und Staatsraison – Die Abschaffung der Folter in Europa und die Entwicklung des Strafprozess- und Beweisrechts seit dem hohen Mittelalter*, Böhlau Verlag, Köln, 2000.

Werner Schubert und Jürgen Regge (éd.), *Entstehung und Quellen der Reichsprozessordnung von 1877*, Vittorio Klostermann, Frankfurt am Main, 1989.

Ludwig Weis, *Das Strafgesetzbuch für das Königreich Bayern, samt dem Gesetz zum 10. November 1861 zur Einführung des StGB und dem Polizeistrafgesetzbuch* (2. Bände), Beck, Nördlingen 1863, 1865 – rééd. Keip Verlag, Goldbach, 2000.

Uwe Wesel, *Geschichte des Rechts- Von den Frühformen bis zur Gegenwart*, 3. éd, C.H. Beck Verlag München, 2006.

La sanction pénale des classiques aux modernes: de la distinction à la confusion du droit et de la morale

Guillaume Bernard

Docteur et habilité à diriger des recherches en droit,
DEA de philosophie, maître de conférences à Sciences-po Paris
et dans l'enseignement supérieur privé
(ICES, IPC, IPLH, IRCOM, FACO)

L'analyse historique permet de distinguer deux grands modèles de système pénal renvoyant à deux philosophies du droit fort différentes, l'une classique, l'autre moderne[1]. L'ancienne France connut la pratique de la conception classique (relevant, en particulier, de la pensée aristotélo-thomiste) tandis que se développa, à partir de la fin du XVIe siècle, le courant doctrinal – illustré, au XVIIIe siècle, notamment par l'italien Cesare Beccaria (1738-1794) ou le britannique Jeremy Bentham (1748-1832) – qui donna naissance à la sanction moderne qui s'applique depuis la Révolution.

La philosophie classique du droit fonctionnait au nom de la rétribution de l'acte; cette dernière était réalisée à l'aide de deux types d'égalité, en fonction de la nature de la chose: arithmétique en matière de commutation (ou de correction), ce qui intéresse ici, plus particulièrement, pour les questions pénales, et géométrique en matière de dis-

1 Cette étude reprend, de manière plus approfondie, l'entrée (de dictionnaire) suivante: «Sanction pénale (abord historique et philosophique de la)», in *Dictionnaire des sciences criminelles*, G. Lopez, S. Tzitzis, dir., Paris, 2004, rééd. 2007, pp. 847-850.

tribution[2]. A l'inverse, la philosophie moderne du droit, dans l'une de ses premières formulations, a entendu combiner ces deux mécanismes de la justice en les appliquant non plus à l'acte mais à la personne, ce que Jean Bodin (1529-1596) appela la «justice harmonique» qui devait être «en partie egale, en partie semblable: l'equalité seroit entre les hommes mediocres plus ou moins riches, et la proportion geometrique entre les grands seigneurs et les povres»[3]. Une peine juste était désormais celle qui n'aggravait pas les inégalités sociales, les peines corporelles étant plus adaptées pour les pauvres, tandis que les sanctions pécuniaires l'étaient plus pour les riches[4]. La justice harmonique, qui devait, en les combinant, concilier les égalités arithmétique et géométrique, a sans doute servi à les opposer, la seconde étant assimilée à l'élitisme et la première à l'égalitarisme[5].

Cette courte étude propose de présenter et d'argumenter l'hypothèse selon laquelle la sanction classique était (simplement) juridique, dans le sens où elle visait la rétribution de l'acte, tandis que la sanction moderne est (éminemment) morale puisqu'elle cherche à toucher l'être de la personne. Il semble donc nécessaire de déterminer, pour chacun des systèmes, pourquoi (I) et comment (II) sanctionner. Outre des sources juridiques, deux auteurs de la doctrine seront, ici, plus particulièrement interrogés, l'un ayant écrit avant la grande ordon-

2 Platon, *Les lois*, 757 b-c et *Gorgias*, 508 a; Aristote, *Ethique à Nicomaque*, V, 5, 1130 b; V, 6, 1131 a; V, 7, 1131 b, 1132 a; Thomas d'Aquin, *Somme théologique*, IIa, IIae, Qu. 61, art. 1-2.

3 J. Bodin, *Les six livres de la République*, éd. Ch. Frémont, M.-D. Couzinet, H. Rochais, Paris, 1986, 6 vol., t. VI, Liv. VI, Chap. VI, p. 274.

4 *Ibis.*, t. VI, Liv. VI, Chap. VI, p. 282.

5 Cette position peut être comparée avec celle de Montesquieu, *De L'esprit des Lois*, éd. J. Brethe de la Gressaye, Paris, 1950-1961, 4 vol., t. I, Liv. VI, Chap. X, p. 158 et Chap. XVIII, p. 171.

nance de procédure pénale de 1670, André Tiraqueau (1488-1558)[6], l'autre après, Pierre-François Muyart de Vouglans (1713-1791)[7].

I. Pourquoi sanctionner?

Muyart de Vouglans expliquait que la «Jurisdiction» était ce qui donnait au juge «ce Pouvoir, cette Autorité publique, de faire rendre à chacun ce qui lui appartient, & de réprimer les Crimes»[8]. Cette définition du pouvoir de juger met en exergue les questions de la finalité de la sanction (A) et de l'objet visé par elle (B).

A. *La finalité de la sanction*

Dans la conception classique, le but recherché de la sanction était le rétablissement d'une harmonie brisée (les hommes s'inscrivant dans un ordre des choses ne dépendant pas d'eux) par la rétribution de l'acte: de l'*hybris* (démesure) chez les Grecs, de l'*injuria* (tout acte fait sans droit)[9] chez les Romains. Dans l'ancienne France, de manière générale, c'était l'usurpation ou le démérite qui étaient sanctionnés; ainsi, l'officier qui ne remplissait pas ou mal sa charge pouvait, en

6 Sur cet auteur, parmi les études récentes, cf. not. G. Rossi, *Scienza giuridica e cultura umanistica in André Tiraqueau (1488-1558),* Torino, 2007.

7 Sur cet auteur, parmi les études récentes, cf. not. M. Porret, «Atténuer le mal de l'infamie, Le réformisme constructeur de Pierre-François Muyart de Vouglans», in *Crime, histoire & société*, 2000, vol. 4, n° 2, pp. 95-120.

8 P.-Fr. Muyart de Vouglans, *Institutes au droit criminel, ou Principes généraux en ces matières, suivant le droit civil, canonique, et la jurisprudence du royaume*, Paris, 1757, p. 116.

9 *I. J.*, IV, IV, pr.

principe, en être privé[10]. De manière générale, un homme comme Pierre-Joseph Proudhon (1809-1865) reconnaissait bien que la peine «*proportionnée* au crime» était celle du talion[11], c'est-à-dire la sanction réalisant une commutation inverse à celle qu'avait provoquée l'acte puni.

La sanction pénale classique était considérée comme, d'abord, une exigence vis-à-vis de la victime[12]: «Ce n'est pas répandre le sang de nos sujets, c'est plutôt le ménager et le conserver que d'exterminer les homicides et les malfaiteurs: c'est se laisser toucher de compassion plutôt pour un nombre infini d'innocents que pour un petit nombre de coupables. L'indulgence pour ces malheureux particuliers serait une cruauté universelle et publique.»[13] Elle était, ensuite, conçue comme une nécessité vis-à-vis du coupable: «Quiconque pardonne trop souvent punit presque inutilement le reste du temps: car, dans cette terreur qui retient les hommes du mal, l'espérance de l'impunité ne fait guère moins d'effet que l'impunité elle-même.»[14] En écrivant cela, Louis XIV (1638-1715) avait peut-être en tête le passage de l'Ancien Testament[15] dans lequel Moïse imputait le crime du peuple à Aaron «qui ne l'avait pas réprimé, quoiqu'il en eût le pouvoir»[16]. L'exemple de la mise en œuvre de la sanction devait servir de dissuasion («de

10 F.-A. Isambert, et alii, éd., *Recueil général des anciennes lois françaises, depuis l'an 420 jusqu'à la Révolution de 1789*, Paris, 1821-1833, 29 vol., t. XIV, pièce 161: édit d'Amboise, janvier 1572, p. 249, art. 8.

11 P.-J. Proudhon, *De la justice dans la Révolution et dans l'Eglise*, Paris, 1858, 3 vol., t. III, p. 520. Sur la conception de la justice chez cet auteur, il sera permis de renvoyer à notre étude: «Proudhon et la justice», in *Pierre-Joseph Proudhon, L'ordre dans l'anarchie,* J.-P. Deschodt, dir., Paris, 2009, pp. 9-27.

12 Sur cette question, cf. B. Garnot, dir., *Les victimes, des oubliés de l'histoire?*, Rennes, 2000.

13 Louis XIV, *Mémoires*, éd. J. Longnon, Paris, nelle éd., 1978, 1662, Sect. 3, p. 146.

14 *Ibid.*, 1662, Sect. 3, p. 147.

15 *Ex.,* XXXII, 21.

16 J.-B. Bossuet, *Politique tirée des propres paroles de l'Ecriture sainte*, éd. J. Le Brun, Genève, 1967, Liv. IV, Art. 1, 6e prop., p. 99.

sorte que les autres y prennent exemple» expliquait un édit de Paris de juin 1539[17]).

Ainsi, l'utilité de la peine (l'amendement du coupable et l'intimidation des autres par la crainte[18]) était un effet, non négligeable, il est vrai, mais uniquement une conséquence de sa véritable finalité: la rétribution de l'acte. Le droit étant attribué à chaque personne (dans le sens de *persona*)[19], la sanction pouvait donc être soit une peine soit une récompense; le droit romain était, par exemple, explicitement institué pour encourager les gens à faire le bien «non seulement par la crainte des peines, mais par l'espoir de la récompense»[20].

A l'inverse, le système moderne de la sanction pénale s'inscrit dans la sociabilité artificielle (la société serait le résultat d'un contrat); l'infraction est donc appréhendée comme une atteinte à ce pacte et à son droit dérivé, la loi. Le droit étant un attribut de l'homme (en tant qu'il appartient à l'espèce humaine), son exercice ne peut être retiré que temporairement et la sanction ne peut être qu'une peine, puisque tous les hommes sont égaux en droits et que certains ne sauraient en avoir plus que d'autres. La finalité de la sanction est donc utilitaire: elle a pour but, d'abord, de dissuader les infracteurs potentiels et, ensuite, d'écarter de la société celui qui en a violé les règles (pour essayer de le resocialiser et, à terme, le réintégrer). Ainsi, l'utilité qui était un effet de la sanction classique – la fonction préventive de la sanction était présente, par exemple, chez Platon (428/427-347/346 av. J.-C.)[21] – devient-elle, avec la pensée moderne, sa finalité[22].

17 Isambert, *op. cit.*, t. XII, pièce 276: édit de Paris, juin 1539, p. 567.

18 A. Tiraqueau, *De Poenis Temperandis» (1559)*, éd. A. Laingui, préf. J. Imbert, Paris, 1986, Cause 31, § 28, p. 180; C. 48, § 2, p. 255.

19 Sur cette question, il sera permis de renvoyer à notre étude: «L'évolution de la notion de dignité en droit», in *Génétisation et responsabilités*, Ch. Hervé, *et alii*, dir., Paris, 2008, pp. 9-18.

20 *D.*, I, 1, 1, 1. Sur la conception romaine de la sanction (ce qui est protégé de l'atteinte des hommes), cf. not. Ch.-A. Morand, «La sanction», in *APD*, 1990, 35, en part. pp. 293-294.

21 Platon, *Protagoras*, 324 a-b.

La légitimité de la sanction pénale moderne découle, *in fine*, de l'acceptation du contrat social (il n'y a de règle légitime que consentie: la loi est l'expression de la volonté générale[23]). Ainsi, quand le contrat social est contesté (de manière légitime ou non d'ailleurs), les pouvoirs publics sont souvent réduits à proposer une nouvelle formulation du pacte social ce qui peut conduire, dans la pratique, face à certains mouvements de délinquance, à des compromis voire des lâchetés en tentant d'acheter la paix sociale[24]. Alors que dans la conception classique, la sociabilité étant naturelle, le justiciable n'avait pas à accepter les règles juridiques (il en était sujet), dans la vision moderne, le lien social étant artificiel, celui-ci peut, en toute logique, ne pas admettre la sanction (juridique) s'il n'a pas souscrit au contrat (social)[25].

B. L'objet visé par la sanction

C'est, ici, la question de la métonymie du droit pénal qui doit être soulevée: le droit incrimine un acte mais, pourtant, c'est son auteur

22 C. B. Beccaria, *Des délits et des peines*, éd. M. Chevalier, intr. Fr. Venturi, Genève, 1965, § XII, p. 24; J. Bentham, *Traité de législation civile et pénale,* éd. Et. Dumont, Paris, 3e éd., 1830, 3 vol., t. II, 3e partie, chap. 2, pp. 157-161.

23 Cf. l'art. 6 de la *Déclaration des droits de l'homme et du citoyen* du 26 août 1789.

24 Sur cette question, il sera permis de renvoyer à notre étude: «Entre droit naturel et droit positif: crise de légitimité du lien social et de la justice pénale?», in *Revue de science pénitentiaire et de procédure pénale*,2007, 2, pp. 261-276.

25 Proudhon, *op. cit.*, t. III, p. 519: «Dans l'état où se trouve aujourd'hui la question, il n'y a pas un assassin qui ne puisse dire à ses juges: *Je ne crois pas à votre Dieu ni à votre société, dans laquelle je n'ai pas reçu ma part. Je rejette votre code, et je vous récuse, vous, votre police et vous bourreaux.»* G. Bonnemaison, *La sécurité en libertés*, Paris, 1987, p. 106: «Toute vie sociale demande des règles et donc sanctionne ceux qui ne les appliquent pas. Mais la sanction n'a véritablement de sens que lorsqu'elle s'applique dans le cadre d'un véritable contrat social au sein duquel les institutions répressives, police et justice, ont une place reconnue par consensus.»

qui est puni[26]. Quel est donc l'objet visé par la sanction: l'acte commis par la personne ou l'être de cette dernière? Se manifeste, ici, de manière centrale, la bien difficile délimitation de la morale et du droit[27]. Dans la conception classique, sanctionner consistait à tirer la conséquence d'un acte[28]. L'objet visé par la sanction était l'acte (précis) commis et non la vertu (générale)[29] de la personne[30]: les juges ne devaient faire «aucune acception de *personne*»[31].

Du point de vue de la morale, l'infraction pouvait être commise en intention[32]. En revanche, sous l'angle juridique, seul comptait l'acte[33] réalisant l'infraction; par conséquent, «les obligations» qui en provenaient se formaient «toutes par le fait seulement», sans qu'il y eut de la part de celui qui le commettait «une intention formelle de s'obliger»[34]. La meilleure preuve que c'était bien l'acte et non l'être qui était susceptible d'être sanctionné est que les morts pouvaient «être accusés comme les Vivans» dans un certain nombre de crimes comme celui de lèse-majesté ou d'homicide de soi-même (c'est-à-dire le suicide)[35]. Il était donc possible de faire un procès à une personne qui n'était «plus

26 S. Tzitzis, *La personne, Criminel et victime*, Québec, 2004, p. 29.

27 B. Garnot, dir., *Ordre moral et délinquance de l'Antiquité au XXe siècle*, Dijon, 1994.

28 J. Pradel, «Sanctionner, est-ce punir?», in *Les visages de la loi*, C. Samet, S. Tzitzis, dir., La Ferté Saint-Aubin, 2000, p. 161.

29 Cf. *Eph.*, VI, 8-9 et *Somme théologique*, IIa, IIae, Qu. 63, art. 1.

30 Bossuet, *op. cit.*, Liv. VIII, Art. 1, 1ère proposition, p. 287: «l'indépendance avec laquelle ils doivent juger, sans distinction de personnes, et sans craindre le grand, non plus que le petit».

31 A. Furetière, *Dictionnaire universel*, La Haye, 1690, réimpr. Paris, Le Robert, 1978, 3 vol., t. III, p. n. n. P. DUBOIS, «Remonstrance du peuple de France» (1308), in G. Lizerand, éd. et trad., *Le dossier de l'affaire des Templiers*, Paris, 2e tirage, 1964, p. 88: «Nostre Seigneur commande que l'on face justise sus le petit et sus le grant et sans accepcion et favour de persones»; p. 92: «*cessante acceptione personarum*».

32 Par ex. pour l'adultère, cf. *Deut.*, V, 18 et 21 et *Mt.*, V, 27-28.

33 S. Tzitzis, *La personne, l'humanisme, le droit*, Québec, 2001, p. 57: le droit pénal «est là pour sanctionner et non pas pour comprendre».

34 Muyart de Vouglans, *op. cit.*, p. 2.

35 *Ibis.*, p. 73.

susceptible de Punition» afin de «laisser à la Postérité une Note perpétuelle de son Crime»[36]. Le droit pénal ancien punissait donc «le coupable en acte et non pas le coupable d'intention»[37] expliquait Tiraqueau. De même, Muyart de Vouglans précisait que «la simple volonté qui n'a point passé les bornes de la pensée, n'est point mise au nombre des crimes, parce que le pouvoir des Loix & de leurs Ministres ne peut s'étendre, non plus que leur connaissance, au-delà des actes extérieurs»[38]. Par conséquent, la tentative était (contrairement au code Napoléon[39]) sanctionnée moins gravement que l'infraction consommée[40], sauf pour les crimes atroces[41] (cf. pour l'assassinat à prix d'argent, l'article 195 de l'ordonnance de Paris dite de Blois de 1579[42]). De même, un animal[43] pouvait être puni[44], puisque c'était l'acte et non l'être (donc pas la rationalité) qui était visé. Or, les Lumières considéraient ces pratiques comme incohérentes: Voltaire (1694-1778) rangeait dans la catégorie des «graves démences» le fait d'excommunier «des sauterelles et des insectes nuisibles aux moissons»[45]. Dans la même veine, la criminologie contemporaine comprend mal cela[46].

36 *Ibis.*, p. 295.
37 Tiraqueau, *op. cit.*, C. 28, § 5, p. 157.
38 Muyart de Vouglans, *op. cit.*, p. 2.
39 A. Laingui, *La responsabilité pénale en ancien droit (XVIe-XVIIIe siècles)*, Paris, 1970, p. 143.
40 Tiraqueau, *op. cit.*, C. 37, § 2, p. 207; C. 38, § 1, p. 211.
41 Laingui, *La responsabilité pénale, op. cit.*, p. 149.
42 Isambert, *op. cit.*, t. XIV, pièce 103, p. 427: «nous voulons la seule machination et attentat estre puni de peine de mort, encore que l'effet ne s'en soit ensuivi, dont aussi n'entendons donner aucune grace ou rémission».
43 A. Laingui, «Sur quelques sujets non-humains des anciens droits pénaux», in *La personne juridique dans la philosophie du droit pénal*, J.-H. Robert, S. Tzitzis, dir., Paris, 2003, pp. 13-21.
44 Tiraqueau, *op. cit.*, C. 49, § 39, p. 267.
45 Voltaire, *Traité sur la tolérance* [1763], éd. R. Pomeau, Paris, 1989, Chap. V, p. 57.
46 R. Gassin, *Criminologie*, Paris, 4e éd., 1998, p. 249.

En effet, dans la vision moderne, la sanction vise la conduite de la personne[47] (d'où l'importance de l'intention[48]) qu'il s'agit, à terme, de réhabiliter, la sanction en étant un moyen. Le juge moderne cherche à préciser l'infraction dans le but de cerner le délinquant afin de déterminer la peine qui lui soit la plus appropriée. A l'inverse, le juge classique appréhendait la personne pour apprécier et tirer les conséquences de l'acte. Tiraqueau notait la possibilité d'une atténuation de la peine due au délinquant par égard à ses propres mérites[49], mais également à ceux de ses ancêtres[50] en raison «du bien dont l'Etat» leur était «redevable»[51]. De même, il affirmait que des personnes ayant commis «le même genre d'infraction» ne devaient pas être punies «d'une manière identique», car il fallait «tenir compte des antécédents»[52]. Car, il y avait «de nombreux degrés pour conduire de l'habitude des vertus à l'habitude des vices»[53], et personne ne pouvait «se transformer tout d'un coup» et, «en un instant changer de conduite et de caractère»[54]. Par conséquent, il fallait «présumer bon» celui qui avait été «bon jusque là»[55]. Ainsi, le juge, «en imposant les peines»,

47 Tzitzis, *La personne, l'humanisme, le droit, op. cit.*, p. 133: «il y a un glissement du sens. La punition du vol désigne la punition de l'auteur.»

48 A. d'Hauteville, «La gradation des fautes pénales en matière d'atteinte à la vie et à l'intégrité physique», in *Réflexions sur le nouveau code pénal,* Ch. Lazerges, dir., Paris, 1995, p. 34: dans le droit pénal moderne, il n'y a pas d'infraction sans intention de la commettre.

49 Tiraqueau, *op. cit.*, C. 49, § 11, p. 261.

50 *Ibis.*, C. 49, § 10, p. 261 et § 13, p. 262.

51 *Ibis.*, C. 49, § 1, p. 259.

52 *Ibis.*, C. 51, § 1, p. 272. J.-B. Bossuet, «Oraison funèbre de très-haut et puissant seigneur Messire Michel Le Tellier, chevalier, chancelier de France, prononcée dans l'Egliſe Paroiſsiale de Saint Germain, où il eſt inhumé, le 25 Janvier 1686», Paris, 1686, réimpr. in *Oraisons funèbres*, Brie-Comte-Robert, 1951, p. 20: «une courte erreur réparée par de longs ſervices».

53 Tiraqueau, *op. cit.*, C. 51, § 2, p. 274; C. 51, § 156, p. 280: «Personne n'atteint immédiatement la perfection; personne, non plus, immédiatement, le comble de l'abjection».

54 *Ibis.*, C. 51, § 156, p. 280.

55 *Ibis.*, C. 51, § 3, p. 274; C. 51, § 156, p. 280: «ceux qui ont été jusque-là méchants et sans probité, sont présumés l'être à cette heure et le rester dans le fu-

devait-il «considérer la dignité, l'âge, les mérites passés»[56], car le juste qui était tombé pouvait se relever par «des bonnes œuvres»[57] et «les péchés» étaient «atténués par les mérites et les vertus»[58]. Dans cette analyse, malgré l'utilisation d'un vocabulaire très moral (notamment par une allusion évidente à la réversibilité des mérites), c'était bien l'acte qui était jugé; ainsi, pour la récidive, s'agissait-il de déterminer s'il y avait eu ou non une accumulation d'actes constitutifs d'infractions – auquel cas, la personne concernée apparaissait comme incapable d'amendement –, ou seulement un cas isolé dans un comportement par ailleurs honnête (ce qui justifiait une certaine mansuétude dans l'infliction de la peine publique).

II. Comment sanctionner?

La sanction moderne se résume à une peine (publique) manifestant la désapprobation de la société vis-à-vis de l'infracteur, la réparation (privée) de la victime en étant détachée. En revanche, la sanction classique imbriquait ces deux aspects. Quels sont donc les éléments constitutifs de la sanction (A) et comment les déterminer (B)? L'analyse de ces deux questions manifeste, à nouveau, le fait que c'était l'acte et non l'être qui était visé par le système classique, ce que la conception moderne a remis en cause.

---

tur [...]. De la même manière, on doit considérer que ceux qui ont été bons jusque là, le sont encore à l'heure présente et le resteront par la suite, au point de croire qu'ils ne seront capables de rien faire qui ne soit d'un honnête homme, surtout ceux qui se sont voués longtemps aux vertus et à la probité, et qui, par un long contact avec ces vertus, en ont fait paraître des fruits abondants et suaves. De tels hommes n'abandonneront les vertus pour les vices qu'avec les plus grandes difficultés, les plus grandes souffrances et au bout d'un temps appréciable.»

56 *Ibis.*, C. 51, § 20 , p. 276.

57 *Ibis.*, C. 51, § 21, p. 277.

58 *Ibis.*, C. 51, § 23, p. 277.

A. *Les éléments constitutifs de la sanction*

Quant aux éléments constitutifs, la sanction classique était composée de la réparation (privée) et de la peine (publique). Chez les Germains, selon Tacite (55-120), une partie de l'amende revenait au roi ou à la cité, l'autre à celui auquel il était fait droit ou à ses proches[59]. De même, dans le système des tarifs de compositions de l'époque franque, le *fredum* (amende) était calculé sur la base du *Wergeld* (composition). Ainsi, la réparation avait-elle la priorité sur la peine. Au Moyen-Age, la rétribution entraînait d'une part la réparation (*emenda*, l'amende à partie) et les dommages-intérêts (*dampna et expensa* annexes[60]), et d'autre part la peine publique: peine corporelle jusqu'à celle de mort, mesures d'éloignement allant du pèlerinage au bannissement, amende au roi, confiscation de biens, amende honorable.

La justice pénale publique prit, à partir du XIIIe siècle, le pas sur les compositions conventionnelles (qui avaient elles-mêmes remplacé les tarifs publics). Pour autant, la finalité première de la peine restait toujours la rétribution de l'acte. Les réparations publique et privée étaient indissociables. Muyart de Vouglans expliquait que le crime causait «du préjudice à un tiers»: «Ce tiers est ou le Public ou le Particulier, ou en même tems l'un & l'autre»[61]. Le préjudice public consistait dans le trouble provoqué dans la société et l'atteinte à la sûreté; le préjudice privé était l'offense qui touchait soit la personne (dans son physique ou son honneur), soit ses biens[62]. La peine pouvait donc être définie comme «la Vengeance ou Satisfaction publique & particulière»[63].

C'est pourquoi, les lettres de grâce accordées par le roi indiquaient toujours «cette clause, *pourvû que satisfaction ait été faite à [la] Par-*

59 Tacite, *La Germanie*, éd. J. Perret, Paris, 1949, chap. XII, p. 78.

60 Ph. de Beaumanoir, *Coutumes de Beauvaisis*, éd. A. Salmon, Paris, 1899-1900, 2 vol., t. I, Chap. XXX, § 841, p. 433.

61 Muyart de Vouglans, *op. cit.*, p. 5.

62 *Ibis.*, p. 5.

63 *Ibis.*, p. 390.

tie civile»[64]. Quand le roi accordait une grâce, il n'entendait jamais «préjudicier à un tiers»[65]. En outre, l'ancien droit ouvrait aux parties la possibilité de faire appel à la justice arbitrale[66]; toutefois, le recours devant le juge ordinaire était toujours possible, et un certain nombre de crimes n'étaient pas susceptibles de transactions[67].

En revanche, dans la vision moderne, la peine publique passe non seulement avant la réparation due à la victime (l'audience pénale précède le procès civil), mais peut aussi l'exclure (au nom du principe de l'opportunité des poursuites[68]), puisque la sanction a pour finalité l'utilité (sociale) et vise à écarter puis à réintégrer le délinquant dans la société. Ainsi, alors que dans la conception classique la prison était-elle un moyen de sûreté et d'exécution de la peine – elle était «destinée pour la garde des Hommes»[69] –, dans la vision moderne elle est une véritable sanction en soi; elle a une fonction afflictive[70]: elle sert à écarter, pendant un temps, l'infracteur de la société parce qu'il n'en a pas respecté les règles.

B. *La détermination de la sanction*

La question de la fixation de la sanction peut être présentée de manière synthétique par l'alternative entre l'arbitraire, d'un côté, et l'intime conviction du juge, de l'autre. En effet, dans l'ancien droit, le

64 *Ibis.*, p. 62.

65 *Ibis.*, p. 104.

66 Isambert, *op. cit.*, t. XIV, pièce 38, édit de Fontainebleau, août 1560, pp. 49-50.

67 Muyart de Vouglans, *op. cit.*, pp. 62-64.

68 P. Truche, *Juger et être jugé, Le magistrat face aux autres et à lui-même*, Paris, 2001, p. 68 relève la «liberté d'appréciation» du juge illustrée par le principe d'opportunité des poursuites. Sur ce dernier point, cf. D. Roets, *Impartialité et justice pénale*, préf. J. Pradel, Paris, 1997, pp. 304-314.

69 Muyart de Vouglans, *op. cit.*, p. 262.

70 Sur cette question, il sera permis de renvoyer à notre étude: «L'enfermement positiviste de Michel Foucault (1926-1984)?», in *Enfermement et sécurité pénale, Essais de philosophie pénale et de criminologie*, Paris, Dalloz, 2007, VI, pp. 165-175.

juge disposait d'un *arbitrium*[71]: il déterminait la peine de façon arbitraire (le système juridique ignorait la règle *nulla pœna sine lege*). Ainsi, Muyart de Vouglans expliquait-il que c'était «une maxime générale [...] que les peines sont arbitraires en ce Royaume; non pas à la vérité que le Juge ait la liberté de condamner ou d'absoudre à son gré, mais il doit régler son jugement suivant l'exigence des cas, c'est-à-dire tempérer ou augmenter les peines suivant la nature du crime & des preuves»[72]. Le juge était toutefois limité quand textes royaux et coutumes avaient déterminé une peine précise[73], auquel cas la question de fait était remise à son arbitrage mais pas l'infliction de la peine[74]: «il y a de certains crimes dont la peine se trouve disertement prononcées par les Ordonnances du Royaume»[75]. Toutefois, s'il existait une cause, le juge pouvait diminuer ou augmenter la peine prévue[76]: c'était par les «circonstances» qu'un crime pouvait être jugé «plus ou moins atroce» et que le «genre de peine» à infliger pouvait être déterminé[77]. Autrement dit, la peine devait être «proportionnée au Délit»[78].

En revanche, dans la vision moderne, le juge n'est qu'une «bouche qui prononce les paroles de la loi»[79], selon la fameuse formule de Montesquieu (1689-1755). S'applique ainsi le système de la légalité des peines – le juge «absout l'accusé, si la loi se tait sur le crime» a pu

71 Tiraqueau, *op. cit.*, préf., § 29, p. 32. A. Laingui, A. Lebigre, *Histoire du droit pénal*, Paris, 1979-1980, 2 vol., t. I, pp. 129-136.

72 Muyart de Vouglans, *op. cit.*, p. 32.

73 A. Loysel, *Institutes coutumières*, avec les notes d'E. de Laurière, nouvelle éd. par Dupin et Laboulaye, Paris, 1846, 2 vol., t. II, Liv. VI, Titre II, n° 822, p. 203: «Les amendes et peines coutumières ne sont à l'arbitrage du juge; les autres si.» Pour le larcin, par exemple, cf. G. Coquille, éd., *La coutume de Nivernais*, nelle éd. Dupin, Paris, 1864, Chap. I, art. 8, pp. 125-126.

74 Tiraqueau, *op. cit.*, préf., § 1-2, pp. 27-28.

75 Muyart de Vouglans, *op. cit.*, p. 32.

76 Tiraqueau, *op. cit.*, préf., § 16-17, p. 30.

77 Muyart de Vouglans, *op. cit.*, p. 21.

78 *Ibis.*, p. 360.

79 Montesquieu, *op. cit.*, Liv. XI, Chap. VI, p. 72. BECCARIA, *op. cit.*, § III, p. 10 et § VIII, p. 19; Bentham, *op. cit.*, t. II, 1e partie, chap. 1, p. 2. Pour la Ve République, cf. le titre V, art. 34 de la Constitution du 4 octobre 1958.

écrire Portalis[80] – dont le systématisme est, cependant, compensé, notamment, par la prise en considération des circonstances atténuantes ou aggravantes[81] (outre le fait qu'avec l'individualisation des peines, et le Code pénal de 1994 qui ne connaît que des *maxima*, le risque d'inégalité pour des fautes identiques est décuplé[82]).

Ce système moderne s'est substitué à celui de la légalité ou de l'objectivité des preuves de l'ancienne France[83]: seule une preuve parfaite pouvait emporter condamnation à la peine ordinaire de l'infraction. Comme le nota Michel Foucault (1926-1984), le système des preuves légales faisait «de la vérité dans le domaine pénal le résultat d'un art complexe»[84]; la démonstration en matière pénale obéissait à «un principe de gradation continue»[85]. Le juge n'était donc pas libre de prononcer la peine ordinaire s'il ne pouvait établir sa sentence que sur une preuve inférieure. Ce système fut toutefois dénaturé par la pratique, dès le XVIe siècle, de la peine gracieuse qui, fondée sur une preuve incomplète, était inférieure à la sanction ordinaire de l'infraction[86]. Le chancelier Henri-François d'Aguesseau (1668-1751) la dénonça, dans une lettre du 4 janvier 1739, parce qu'elle conduisait à

80 J.-E.-M. Portalis, «Exposé des motifs du titre préliminaire du code civil, de la publication, des effets et de l'application des lois en général» (4 ventôse, an XI), in *Discours préliminaire au premier projet de Code civil*, préf. M. Massenet, Bordeaux, 1999, p. 75.

81 J. Déprez, «Faute pénale et faute civile», in *Quelques aspects de l'autonomie du droit pénal, Études de droit criminel*, G. Stefani, dir., Paris, 1956, p. 171: «Les circonstances atténuantes offrent au juge le moyen d'adapter la sanction pénale à la personnalité du délinquant.»

82 Pradel, *loc. cit.*, p. 170.

83 Sur cette question, il sera permis de renvoyer à notre étude: «Les critères de la présomption d'innocence au XVIIIe siècle: de l'objectivité des preuves à la subjectivité du juge», in *La présomption d'innocence, Essais de philosophie pénale et de criminologie*, IV, Paris, Eska, 2004, pp. 33-57.

84 M. Foucault, *Surveiller et punir, Naissance de la prison*, Paris, 1975, réimpr. 1993, p. 47.

85 *Ibid.*, p. 52.

86 Tiraqueau, *op. cit.*, C. 27, § 1, p. 151; cf. égal. intr. (Laingui), pp. 147-148.

suivre le système de l'intime conviction[87] qui, lui, s'applique légalement dans le système moderne depuis 1791 (art. 353 et 427 du Code de procédure pénale)[88].

De manière schématique, l'opposition des deux systèmes peut être résumée ainsi: dans l'ancien droit pénal, la sanction était fixée en fonction de chaque acte jugé, mais elle ne pouvait être prononcée qu'à la condition que les preuves fussent réunies. Pour la conception moderne, la sanction est déterminée *a priori*, le juge étant libre d'apprécier les preuves: il détermine, en conscience, la sanction la plus adéquate pour la personne de l'infracteur.

En guise de conclusion

Cette étude entend illustrer le fait que la responsabilité civile est née de la responsabilité pénale qui l'a longtemps absorbée[89]. A partir du moment où la réparation civile de la victime est devenue autonome, il semble possible de dire que la sanction pénale moderne cherche à punir l'homme en fonction de son être, à lui reprocher une conduite passée et à lui inculquer des principes pour sa conduite future (d'où la grande attention apportée à l'étude de la dangerosité[90]), en un mot à viser sa morale.

87 Laingui, *La responsabilité pénale, op. cit.*, p. 43. Sur l'interprétation stricte ou large de l'art. 2 du titre XIX de l'ordonnance de 1670 disposant sur la torture avec réserve de preuves, cf. Y. Bongert, «Le *pro modo probationum*: intime conviction avant la lettre?», in *RHD*, 2000, pp. 15-24.

88 Truche, *op. cit.*, p. 178: «En dehors des cas exceptionnels de preuve légale (jusqu'à inscription de faux ou preuve contraire), tout mode de preuve peut être soumis à la discussion; l'aveu même est soumis à la libre appréciation des juges.»

89 P. Jourdain, *Les principes de la responsabilité civile*, Paris, 5e éd., 2000, p. 8.

90 Sur cette question, il sera permis de renvoyer à noter étude: «Approche historique et philosophique de la dangerosité», in *Psycho-criminologie, Clinique,*

A l'inverse, la sanction classique, si elle touchait la personne, était justifiée par l'acte[91] devant être réparé quant à ses conséquences tant publiques que privées. Le droit moderne cherche à déterminer l'intention, bonne ou mauvaise, de l'homme: il s'approprie le domaine où règne la morale dans l'ordre classique, monde où le droit cherche essentiellement à établir la responsabilité de la personne pour déterminer qui doit, et dans quelle proportion, réparer. Le droit classique avait une ambition sans doute moins omnipotente que le droit moderne.

Puisque le crime était «contraire» tant «aux Loix divines» qu'«humaines», il pouvait être appréhendé soit par «l'ordre moral», soit par «l'ordre politique»: dans le premier cas, il constituait un péché, dans le second un forfait[92]. L'ancien droit pénal l'analysait de la seconde façon (même s'il s'inscrivait dans une vision plus générale des choses intégrant la question morale). A l'inverse, le droit moderne l'approche de la première manière (en particulier parce que l'intention y est déterminante et que sa sanction vise la conduite de la personne): il semble donc légitime de dire que le droit moderne est conçu à l'instar d'une morale[93].

Prise en charge, expertise, J.-L. Senon, G. Lopez, R. Cario, dir., Paris, 2008, p. 45-49.

91 Tzitzis, *La personne, l'humanisme, le droit, op. cit.*, p. 19.

92 Moyart de Vouglans, *op. cit.*, p. 2.

93 Cette analyse rejoint celle de Michel Villey (1914-1988) à propos de la question des droits de l'homme: cf. not. M. Villey, *Le droit et les droits de l'homme*, Paris, 1983, 2e éd., 1990.

Travaux Interdisciplinaires et Plurilingues

La collection «Travaux Interdisciplinaires et Plurilingues» a pour but de favoriser la recherche interdisciplinaire et plurilingue en France et dans d'autres pays européens. Les directeurs de cette collection se proposent de créer un forum pour des projets de recherche reposant sur un double croisement systématique, entre plusieurs disciplines des Sciences humaines et sociales et entre plusieurs aires linguistico-culturelles. Ils souhaitent encourager de jeunes chercheurs à s'engager dans cette voie. La collection pourra accueillir les publications scientifiques du CRPM (Centre de recherches pluridisciplinaires multilingues, EA 4418) de Paris Ouest.

Vol. 1 Klaus Morgenroth, Paul Vaiss & Joseph Farré (éds). *Les migrations du travail en Europe.* 2003. ISBN 3-906769-37-2.

Vol. 2 Thierry Grass. *Quoi! Vous voulez traduire «Goethe»? Essai sur la traduction des noms propres allemand – français.* 2002. ISBN 3-906770-26-5.

Vol. 3 Otmar Seul, Bernd Zielinski & Uta Dupuy (éds). *De la communication interculturelle dans les relations franco-allemandes: Institutions – Enseignement et formation professionnelle – Entreprises.* 2003. ISBN 3-03910-084-X.

Vol. 4 Maurice Kauffer. *Les mots composés allemands en texte. Essai de synthèse méthodologique et critique.* 2005. ISBN 3-03910-449-7.

Vol. 5 Stéphane Leymarie, Gérard Sautré & Guy Solle (éds). *Relations de travail et organisations: plaidoyer(s) pour une lecture paradoxale.* 2005, 2006. ISBN 3-03911-145-0.

Vol. 6 Gérard Mercelot. *Négociations commerciales et objectifs spécifiques: De la description à l'enseignement des interactions orales professionnelles.* 2006. ISBN 3-03910-965-0.

Vol. 7 Nassima Bougherara. *Les rapports franco-allemands à l'épreuve de la question algérienne (1955-1963).* 2006. ISBN 3-03911-164-7.

Vol. 8 María Pérez Calzada. *Transitivity in Translating. The Interdependence of Texture and Context. Preface by Ian Mason.* 2007. ISBN 978-3-03911-190-6 / US-ISBN 978-0-8204-8398-2.

Vol. 9 Paul Vaiss & Klaus Morgenroth (éds). *Les relations internationales au temps de la guerre froide*. 2006.
ISBN 3-03911-201-5.

Vol. 10 Elisabeth Lavault-Olléon (éd.). *Traduction spécialisée : pratiques, théories, formations*. 2007.
ISBN 978-3-03911-218-0.

Vol. 11 Peter Jansen & Otmar Seul (Hrsg./éds). *Das erweiterte Europa: Arbeitnehmerbeteiligung an der Entscheidungsfindung im Unternehmen. L'Europe élargie: la participation des salariés aux décisions dans l'entreprise.*
Traditionen im Westen, Innovationen im Osten? Traditions à l'Ouest, innovations à l'Est? 2009.
ISBN 978-3-03911-669-0.

Vol. 12 Annette Sousa Costa (éd.). *Entre droit et morale: la finalité de la peine. Journée d'études du 13 novembre 2007, Université Paris Ouest Nanterre la Défense*. 2010
ISBN 978-3-0343-0402-3.

Vol. 13 Brigitte Krulic (éd.). *Raison(s) d'Etat(s) en Europe. Traditions, usages, recompositions*. 2010
ISBN 978-3-0343-0419-1.

Vol. 14 Valérie De Daran. *«Traduit de l'allemand (Autriche)». Etude d'un transfert littéraire*. 2010
ISBN 978-3-0343-0482-5.